A Big Idea　陳智凱、邱詠婷 ◎ 著
on the Cultural and Creative Economics

東華書局

陳智凱｜國立臺北教育大學文化創意產業經營學系所教授

國立臺灣大學國際企業學博士，曾任行政院院長室諮議、中山醫學大學專任及臺灣藝術大學等校兼任助理教授。出版《哄騙——精神分裂》等書籍廿餘冊，SSCI 等國內外期刊、報章評論及政策文稿四百餘篇。編譯《認識商業》乙書獲選中國百大經濟學書單，著作《後現代哄騙》乙書獲選國家圖書館 2015 年度重要選書。

邱詠婷｜國立臺北教育大學文化創意產業經營學系所副教授

國立臺灣大學建築城鄉學博士，美國加州柏克萊大學建築與都市景觀學士碩士 March，曾任國立臺北教育大學通識中心主任，實踐大學專任及臺北醫學大學、中原大學等校兼任助理教授。出版《空凍》等書籍並獲國家圖書館推薦為 2014 年度重要選書。

目錄 CONTENTS

序論　　　　　　　　　　　VI

第一篇　分析架構　1　　　**第二篇　細項產業**　41

第一章　理論取徑　　　3　　　第三章　電影產業　　　43
　　　媒體理論　　　3　　　　　　歷史脈絡　　　43
　　　經濟理論　　　9　　　　　　產業驅力　　　47
　　　管理理論　　　18　　　　　製作　　　　　51
　　　文化理論　　　23　　　　　行銷　　　　　56
　　　　　　　　　　　　　　　　經濟觀點　　　62
第二章　策略特質　　　33　　　　財會議題　　　65
　　　共同特質　　　33
　　　政策思辯　　　39　　　第四章　廣播電視產業　76
　　　　　　　　　　　　　　　　歷史脈絡　　　76
　　　　　　　　　　　　　　　　基本營運　　　78
　　　　　　　　　　　　　　　　節目策略　　　82
　　　　　　　　　　　　　　　　資產評價　　　83

　　　　　　　　　　　　　　第五章　有線電視產業　86
　　　　　　　　　　　　　　　　歷史脈絡　　　86
　　　　　　　　　　　　　　　　結構和營運　　88
　　　　　　　　　　　　　　　　競爭和評價　　90

第六章	**音樂產業**	94		財會評價	138
	歷史脈絡	94		運動經濟	140
	製作發行	97			
	財會評價	102	第十一章	**表演藝術產業**	143
				表演類型	143
第七章	**出版產業**	105		籌資製作	147
	營運特色	105		經濟觀點	151
	財經觀點	110			
			第十二章	**主題樂園產業**	155
第八章	**遊戲產業**	113		歷史脈絡	155
	歷史脈絡	113		營運特色	157
	結構和營運	118		資產評價	160
第九章	**博奕產業**	122	第十三章	**時尚奢華產業**	162
	歷史脈絡	122		歷史脈絡	162
	總體觀點	127		經濟觀點	166
	管理經營	129			
第十章	**職業運動產業**	133	**延伸閱讀**		171
	歷史脈絡	133	**關鍵術語**		177
	營運特色	135			

序論 PREFACE

　　近來文化產業議題引起廣泛關注,然而,如何定義此一詞彙非常困難。若從人類學的角度,文化是特定族群或是社會團體的生活全貌,因此,文化產業幾乎無所不包,因為所有的產業都和文化的產製消費有關。然而,實際上我們通常會以狹義的方式來定義,也就是將文化定義為「社會秩序的溝通、再製和體驗的表意系統」。簡言之,文化產業可以被視為是與社會意義產製(the production of social meaning)直接相關的事業(Hesmomdhalgh, 2002)。因此,許多文化產業的定義和範疇都將電影、廣播電視、報紙雜誌、音樂唱片以及表演藝術等納入。這些產業的目的都在於與閱聽人溝通以創出新的文本。基於上述定義,所有的文化製品都是文本,任何人都可以加以詮釋。然而,任何的文本都兼具功能性和溝通性,誠如我們探討時尚奢華產品時,儘管跑車具有設計美學的溝通性,但是絕大多數人都是聚焦於運輸的功能性。因此,我們為了論述的操作性目的,並無意將文本的定義擴及功能性,而是強調挑動人心和情感的表徵意涵,為了與一般產品產生區隔,功能性反而不是我們強調的重點。無論如何,當我們在談論文本一詞時,更偏好於將文本(texts)定義為「用來指涉各種文化作品的一種集合名詞」,包括影片、節目、書籍、唱片、報紙、雜誌和動畫等。儘管如此,要清楚地界定文化產業一詞依然非常困難。因為,除了前述對於文化定義的難以釐清之外,如果再加上產業一詞,情況就更為複雜。

事實上,如果梳理聯合國和各國對於文化產業的界定範疇,可以發現列舉的細項產業差異不大,大致包括五大類十數項產業。例如,媒體類包括電影、廣播電視、廣告和出版等。藝術類包括表演藝術、視覺藝術、音樂及展演設施等。設計類包括建築設計與流行時尚等。內容類包括數位內容、電玩遊戲、動畫與出版等。其他類包括文化觀光和職業運動等。儘管如此,在名稱上和定義上仍然眾說紛紜。例如,美國稱為娛樂產業(entertainment industries),英國和歐洲則是盛行採用創意產業(creative industries),中國大陸和韓國稱為文化產業(cultural industries)或內容產業(content industries),反觀台灣則是稱為文化創意產業(cultural and creative industries)。至於學術界或是產業界,不少人則是採用媒體產業與文化產業交互使用。持平而論,儘管不同的名稱各有優點,但也存在著許多自身的侷限。我們無意去區隔或是思辯其間的差異性,而是聚焦在它們共同都與休閒、娛樂、創意和媒體等要素高度關聯。因此,我們暫以台灣慣用的文化創意產業作為代名詞,無損於探究它們在文化與經濟以及文本與產業之間的關係。

　　總的來說,我們試圖透過《文創學》(*A big idea on the cultural and creative economics*)和《文創的法則》(*36 ideas to learn in cultural and creative industries*)兩書,為眾聲喧嘩的文創論述提供一套兼具經濟與文化的思維路徑、理論架構以及策略工具。《文創學》是基礎論述,《文創的法則》則是進階論述。《文創學》聚焦於理論分析架構以及各細項產業的介紹,全書分為兩篇十三章,第一篇,試圖提出一個文化創意產業的分析架構,我們透過媒體、經濟、管理與文化等四大理論路徑,對於不同產業細項提出它們的共同特質、策略以及在公共政策上的思

辯議題。第二篇,逐一說明各細項產業的現況與未來發展,每章都以四大理論為經,各細項產業概況為緯,交叉辯證提出一個解構的藍本,產業範疇包括電影、廣播電視、有線電視、音樂、出版、遊戲、博奕、職業運動、表演藝術、主題樂園和時尚奢華等,每章脈絡分別就其歷史脈絡、營運策略、經濟觀點、行銷策略與財會評價等構面加以說明。如果希望了解不同理論的分析路徑,研讀本書的第一章和第二章是基本要求。如果希望了解不同細項產業的發展脈絡及其重要策略應用,例如,聚焦於電影、廣播電視、有線電視、音樂、出版、遊戲和時尚奢華等媒體文本,可以研讀第三章至第八章及第十三章;如果想聚焦於博奕、職業運動、表演藝術和主題樂園等現場文本,可以研讀第九章至第十二章。總的來說,本書適用於從經濟學、管理學及文化研究等跨領域思辯文創的相關課程。至於另一本著作《文創的法則》,則是基於長期觀察文創之後,整合揭示三十六條關鍵策略,搭配十六個文本轉換案例,一則從哲學的思維歸納出文創的核心價值、特質和策略,再則透過實際的個案加以驗證。無論如何,兩書若沒有東華書局的創新、熱情與支持,這美好的感動無法具體示現,我們在此由衷表示感謝!最後,面對眾聲喧嘩的文創提出一個新的想像,如同送煤到新堡一樣,兩書寫給想像。

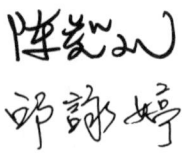

Circa, 2015.10.

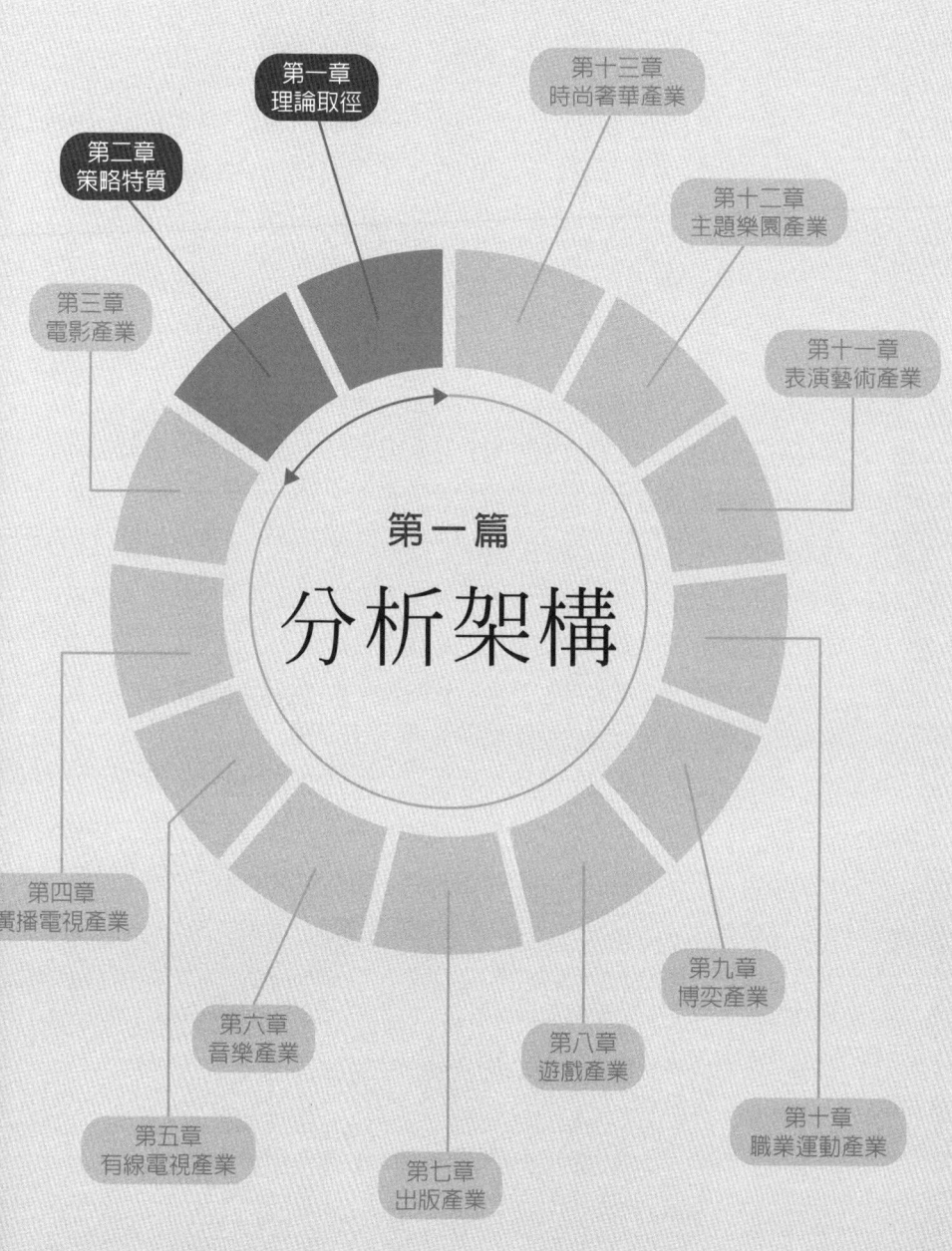

第一章

理論取徑

媒體產業和文創產業除了深受麥克魯漢的媒體定律影響，還包括無所不在的網絡對於經濟、文化和社會衝擊衍生的直接和間接效應。我們依序從媒體理論、經濟理論、管理理論與文化理論加以說明。

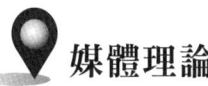 媒體理論

媒體定律

想要解構媒體對於電影、音樂、廣播電視、有線電視、出版或是線上遊戲的影響，必須先理解一些基本規則。媒體評論先驅麥克魯漢[1]（McLuhan）指出一個有趣的媒體現象：「任何一種媒體內容都會轉變為其他媒體形式。」意即任何一種媒體，無論是書籍、音樂、電影、線上遊戲或是表演藝術，其內容都會彼此衍生與轉換，如同電影可能取材自小說，小說靈感可能來自於電影或是音樂，例如，熱門小說《移動迷宮》（Maze Runner）和電玩遊戲《古墓奇兵》（Rise of the Tomb

---

[1] 加拿大社會學者與現代傳播理論奠基者，主要著作《了解媒體》（Understanding Media）提出「媒體即是訊息」（the medium is the message）、「地球村」、「冷媒體與熱媒體」、「人人都是出版者」、「媒體律」等概念，重塑當代對於媒體的認知。

第一章　理論取徑　3

Raider）分別被改拍成為暢銷電影。動畫《獅子王》(The Lion King)變成了線上遊戲；而電玩遊戲《真人快打》(Mortal Combat)最後則成為一部電影。百老匯舞台劇《歌劇魅影》(The Phantom of the Opera)改編成為電影並且獲大獎。電視偶像劇《來自星星的你》(Byeoreseo On Geudae)成功帶動觀光經濟。而現場音樂演唱會則是面對數位冷漠與盜版的最佳出路。基於上述實證觀察，麥克魯漢提出下列媒體四大定律：

- 延展性（extension）：任何媒體都是人類身體器官和感覺的延伸或是擴展。例如，電話、顯微鏡、望遠鏡、汽車等。

- 淘汰性（closure）：當某一種知覺經驗被強化，其他知覺就會被淡化或是退化，最終形成一種知覺平衡。例如，我們不大容易有效率地同時看書又聽音樂，或說我們的閱聽無法同時被強化達到最佳狀態。另一方面，當我們觀賞電影或是電視，強烈的視覺顏色和圖像會分散我們對於片中的對話和聲音的注意力。另外，新媒體也會突顯舊媒體的過時性，並且逐步退出我們的注意力範圍。

- 逆轉性（reversal）：每一種媒體形式發展到了極致時，其性質就會發生逆轉現象。例如，網際網路最初只是電腦的應用項目之一，然而，最終反而逆轉成為電腦只是網際網路的一環。

- 回溯性（retrieval）：每一種媒體內容都能回溯到另一種更早的媒體內容，例如，書籍被翻拍成為電影，電影又衍生成為戲劇、音樂和線上遊戲等。反之亦然。隨後，麥克魯漢又基於回溯性定律發展出下列第五定律，最初它只是被視為是回溯性的一部分，現在則是將它獨立出來。

- 分裂性（entropy／fragmentation）：每一種媒體形式在成功導入之後，後續通常會再分裂成為幾個附屬結構、系列或是續集。例如，雜誌衍生出其他分眾刊物，有線電視推出不同屬性定位的頻道，其他包括出版、電視節目、線上遊戲、流行音樂或是電影等都有類似系列或續集策略。分裂性和衍生現象常見於各種媒體，並且隨時可能發展出更新的媒體形式，上述過程和生物學的細胞分裂非常類似，分裂活動會持續進行到能量耗竭，幾近無法承受的水準為止。物理學和熱力學熵[2]（entropy）的概念都能用來描述上述現象。在傳播理論上稱為媒體熵（media entropy），意即透過不斷的分裂增長，從最初的穩定有序狀態，直到最終的失序和紛亂。

- 指數性（exponentiality）：少數的媒體經常創造多數的收入，該項收入並且呈指數成長。事實上，許多產業運作都是遵循這種 80：20 法則，意即 20% 的產品創造 80% 的收入，多數文創產業都是如此，少數細項產業可能更慘，例如，音樂產業幾乎達到 98：2，意即 2% 的作品，創造 98% 的收入。

- 散佈性（spread）：媒體內容會持續地大幅擴散並且尋求最大的發行網絡。同樣地，最大的發行網絡也會吸引最多的訊息內容。兩者關係就像是水往低處流直到平地為止。

網絡定律

對於任何一種媒體，儘管內容就是王道，意即誰能掌握最新最熱

---

[2] 1865 年，德國物理學家克勞修斯提出熵（entropy）概念，該詞源自希臘語 εντροπια，意指「內向」，代表一個系統不受外部干擾時往內部最穩定狀態發展的特性。

門的電影、書籍、音樂、節目或是遊戲軟體，誰就能掌握市場優勢。然而，如果沒有綿密的媒體網絡和最新科技搭配，內容本身是無法產生龐大的經濟價值和社會文化衝擊的。因此，網絡傳播能力顯著地影響內容的決勝，意即如果無法觸及廣大的閱聽大眾，即使擁有最佳的媒體內容也是枉然。如同前面提到的散佈性，媒體內容始終尋求最大的發行網絡，而發行網絡始終吸引最多的訊息內容。基於這樣的環境，網絡自然成為媒體的基本要素。雖然麥克魯漢的媒體定律揭示了媒體的重要概念，不過，許多重要特質仍然需要引用麥卡夫定律（Metcalfe's Law）才能釐清。麥卡夫定律適用於各種網絡，包括電腦、電話、大眾運輸系統，甚至包括與家人和朋友之間的溝通管道，例如，影片、音樂、書籍或電視節目。

如果一個網絡系統可以保持效率連結，其價值函數 $V = aN + bN^2 + c2^n$，其中，V 是價值，N 是用戶數，網絡價值是 N 的平方，其他皆為常數，圖 1.1 代表這項概念圖。不同於點對點系統，網絡節點可以同時

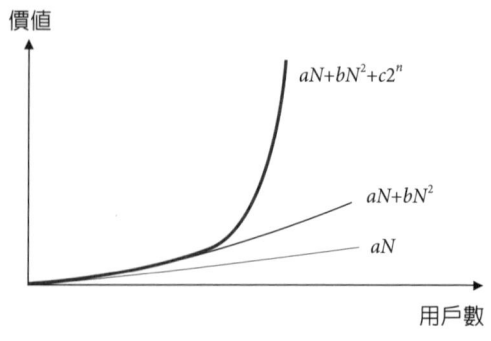

圖 1.1　麥卡夫定律

與一個以上的節點相互連結,因而其價值也就大幅提高為 N 的平方。易言之,網絡系統的價值是指數性,而非線性;是不斷擴張成長,而非遞減或是規模常態。當今許多經濟現象愈來愈多呈現這種生物學特徵,意即經過長期發展之後會產生指數型成長。因此,過去仰賴傳統經濟觀點所建構的線性發展模式,已經無法滿足網絡經濟時代的需求。另外,以無形資產為主的經濟型態,更是徹底顛覆了傳統規模報酬遞減[3](decreasing returns to scale)的特性,而是反轉成為規模報酬遞增(increasing returns to scale),網絡系統進一步催化了這種經濟現象。

綜合言之,麥克魯漢和麥卡夫的媒體定律,充分揭示了媒體和網絡的重要特質,無論是新媒體或是傳統媒體,同樣都適用。上述特質也能解釋以網絡為基礎的經濟發展模式。易言之,開發第一項產品或是服務的龐大沉沒成本,隨著市場銷售數量的增加,可以大幅降低平均成本,意即後續的邊際成本幾乎可以被忽略。簡言之,代表在這種市場生態之下,並不存在競爭性均衡,取而代之的是,由強勢領導所帶來的市場獨占。

在網絡系統中,網際網路扮演重要角色,它徹底顛覆了許多產業的經營模式。基本上網際網路產生了下列幾項效應:

- 重新定義和重新安排中介者的功能和角色,不一定是完全排除。

---

[3] 規模報酬(returns to scale)代表在其他條件不變的情況之下,公司內部的各種生產要素按照相同的比例變化時所衍生的產量變化。規模報酬變化分為規模報酬遞增、不變和遞減三種情況。規模報酬遞減,代表產量增加的比例小於各種生產要素增加的比例。關鍵原因在於當生產規模過大時,生產的各個環節難以達到有效的協調,因而降低了總體生產效率。規模報酬遞增,代表產量增加的比例大於各種生產要素增加的比例。

- 影響了廣告、銷售與消費模式，徹底改變了客戶關係本質。
- 提高了媒體內容、數量、變化與取得的容易性。
- 挑戰了以技術和地理為權利基礎的市場結構。

長期而言，最後一項極具顛覆性和破壞力。例如，傳統上電影的發行和放映合約，主要依據地理區位來定義；傳統無線廣播電視的訊號發送，受到地理區位的限制；有線電視和衛星頻道節目，與用戶所處地理區位有關。然而，透過網際網路的無遠弗屆，則徹底打破了地理區位限制。

網際網路也影響了財務會計評價。在網際網路發展初期，傳統各種公司股份與資產評價指標，包括現金流量、銷售收入和資產負債率等並不適用，原因在於網際網路的成長速度太快，現行的財務會計評價方式無法完全解釋無形資產的增值潛力，它們往往在發展初期密集投入於廣告、行銷和研發。而傳統財務會計主要取決於交易的發生。然而，無形資產價值無法透過任何交易加以創造或是摧毀。其他的財務會計爭議，還包括各項收入和支出的認定問題。

不過，隨著網際網路和媒體發展逐漸成熟，傳統的財務會計評價指標也變得更具參考性。尤其是當資產愈來愈具有選擇權[4]特質，選擇權評價模型（如 Black-Scholes）就更適合用在資產評價，因為它能

---

[4] 選擇權是一種權利的契約，當買方支付權利金之後，有權在未來約定的特定日期（到期日），依照約定的價格（strike price），買入或是賣出一定數量的約定標的物。選擇權可以分為買權（call option）和賣權（put option）。買權（call）是指有權在約定的期間之內，以約定的價格買入約定標的物，但是沒有義務一定要執行該項權利。反之，賣權（put）是指有權在約定的期間之內，以約定的價格賣出約定標的物，但是沒有義務一定要執行該項權利。

明確考量到，事業發展初期的報酬易變性和財務槓桿潛力。當然許多新創事業初期並未獲利，因此，分析家通常會先比較新近類似事業的市場價值和資產收購價格，或是比較市場價值與收入比，也有可能是市場價值與現金流量比、資本額與廣告比、單位閱聽收入等等。上述財務會計評價指標會隨著時間因素被投資者採用或是捨棄。總的來說，投資者不會只是關注成長率，除非該項目標事業具有獨特的授權和法令保護。

 經濟理論

供需原理

影響休閒需求的因素很多，從個體的角度出發，首先是時間因素。長期以來，哲學家和社會學家一直在思考，如何定義休閒（leisure），英文 leisure 源自於拉丁文 licere，代表被允許（to be permitted）或是自由的（to be free）意涵。根據古典觀點，亞里斯多德（Aristotle）認為休閒代表可用的時間和不受拘束的自由（absence of the necessity of being occupied），後者產生了冥想的生活和真實的快樂。然而，只有少數菁英不必為了生活而努力。社會學者韋伯倫（Veblen）也認為休閒是一種社會階級象徵，它不只和冥想的生活有關，同時也代表一種悠閒的富裕（idle rich），透過時間的擁有和使用來突顯身分地位。然而，若以現代社會標準，休閒已經很難被視為是特權享受的冥想生活，休閒不再只是一種古典階級象徵。

近年來，休閒一詞逐漸被概念化為不只是代表自由的時間，也代

表著義務和強迫的免除,意即休閒代表不必工作的時間,因為工作指涉一種義務和責任。不過,如果依照上述定義,可能會產生更多的問題,例如,如何明確分辨什麼是工作時間?通勤時間和旅行社導遊是工作還是休閒?一般而言,我們習慣把它們當作是工作,而不是休閒。因此讓我們取代休閒是不必工作的定義,再次聚焦於不受拘束的自由時間。當人們擁有一些自由時間,意即扣除生活、工作和相關活動之後的剩餘時間。事實上,時間並非真的自由(free),或說時間永遠不可能是免費的。從經濟學的角度,時間始終存在著機會成本。例如,自由時間可以用來消費,也可以用來再投入於生產,如果全部用來消費,則會喪失取得額外收入的機會。因此,必須考慮每消費一元商品時需要花費多少時間。例如,讀一本小說比到夜店狂歡需要花費更多的時間,當其他條件不變,代表讀一本小說必須放棄額外收入的機會成本更大。如果消費所有商品的時間成本一樣,那麼是否放棄額外收入的機會,則是取決於人們對於時間的感受強度(time intensity),它會隨著不同的人、事、物而改變,例如,週末和傍晚的時間成本通常較為低廉。無論如何,可用的自由時間是討論休閒(recreation)的重要基礎,若是從字義上解釋,休閒代表著一種身心再造(re-creation)。

　　所得也會影響休閒需求。假設休閒是一項優質品,當人們所得增加,工作時數通常會減少。高工資會提高所得,因此也會提高休閒需求。但是高工資也代表休閒成本提高,因此可能會降低休閒需求,前者稱為所得效果,後者稱為替代效果。彼此產生的正負淨效果,取決於休閒的所得彈性和價格彈性的相對強度。一般而言,工資提高的所得效果高於替代效果。

若以勞動曲線為例,當工資持續提高,直到圖 1.2 的 A 點之前,人們會選擇投入工作,提高所得水準,稱為所得效果。不過,最終人們可能選擇更多休閒,而非提高所得,於是造成勞動供給曲線後彎。雖然經濟學家衡量工資對於休閒需求的淨效果不同,不過相關實證顯示,工資提高,多數人通常希望減少工作,或是願意降低所得以減少工時。最後,若從總體角度出發,人們的總體休閒時間是增加還是減少?儘管人們擁有愈來愈多的休閒時間,確實受到包括政府法令週休規定、工會運動或是企業福利政策等因素影響,加上科技進步與新資本設備的運用,訓練良好和較高技能勞工的投入,得以在規模經濟下在更短的時間或是更少的工作投入下進行生產,不過,產業競爭導致的工作壓力也會使休閒時間受到壓抑。不過總的來說,多數人會朝向時間的重新分配,希望擁有更長的休閒週末和假期,而不是減少每週或是每天的工作時數,因此,人們的總體休閒時間是呈現成長趨勢。

無論如何,影響休閒需求的因素非常複雜,除了上述的時間與所

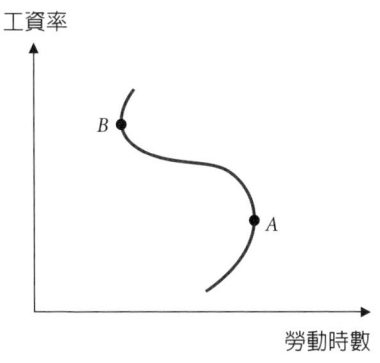

圖 1.2　勞動供給曲線

得因素之外，社會因素與心理因素也很重要。例如，人們消費不同的產品或服務，通常會產生不同的滿足經驗。經濟學家利用一種快樂的感覺，我們稱為效用，來衡量需求。理論上，理性的人總是尋求極大化效用。換言之，就是作出可以提高滿意水準的決定，不過，它們經常受到一些因素的干擾，包括面對不確定性狀態、擁有不完整的資訊，以及承受可能的風險。因此，人們習慣把機率因素納入決策之中，意即以極大化預期效用取代效用本身。預期效用的觀念，特別適合於評估那些對於無形產品或服務的需求。例如，可以解釋人們為何願意付出高價購買演唱會的黃牛票等。事實上，許多非貨幣性因素，特別是如流行和時尚，都會影響個人預期效用的認知。

　　至於休閒供給方面，主要取決於新進者能否排除進入障礙，以便能夠在市場中與其他企業競爭。如果依照重要排序，主要的進入障礙包括資本、專業知識、法規、價格競爭。大型企業為了有效競爭，投入龐大的時間和資本獲取技術、知識和經驗。同樣地，個別藝術家雖然也尋求產品商業化，包括戲劇、書籍、電影和音樂，然而，政府對於廣播、有線電視和賭場設立許多法規，經常額外增加許多門檻，造成潛在新進者無法排除障礙。易言之，對於產業中已經存在的主導企業，很容易透過價格競爭保障自己的市場地位。

市場結構

　　個體經濟理論指出，市場可以依據廠商如何訂價和產出以回應外部環境分為：完全競爭（perfect competition），是市場存在許多生產同質性產品，但都無法影響市場價格的賣方。獨占（monopoly），是

市場存在一個生產獨特產品的單一賣方,它能自行決定市場價格,建立進入障礙阻止潛在競爭者。然而,在真實的世界裡,多數產業結構無法被歸類為完全競爭或是獨占市場,而是介於二者之間。寡占(oligopoly),是市場存在少數生產替代性產品的賣方,它們可以透過彼此協商影響市場價格。獨占競爭(monopolistic competition),是市場存在許多生產異質性產品的賣方,它們可以透過廣告等策略控制市場價格和競爭。至於市場結構的競爭程度,通常可以利用赫芬達爾-赫希曼(Herfindahl-Hirschman)指數加以衡量,這是一種衡量市場集中度的指標。計算方式是以產業中各企業的相對市場占有率平方和加總,用來計算市場占有率變化,意即市場中企業規模的離散程度,其公式為:

$$\text{HHI} = \sum_{i=1}^{N}(X_i/X)^2 = \sum_{i=1}^{N}S_i^2$$

其中 X 是市場的總規模,X_i 是 i 企業的規模,$S_i = X_i/X$ 是第 i 個企業的市場占有率,N 是該產業內的企業家數。HHI 愈大,表示市場集中程度愈高,壟斷程度也愈高。該指標不僅能反映市場內大企業的市場占有率,而且能反映大企業以外的市場結構,能更準確反映大企業對於市場的影響程度。

事實上,無論是完全競爭或是自由市場,在文創產業上並不存在。例如,包括職業運動、有線電視以及報紙等屬於獨占市場。包括電影、音樂、賭場、主題樂園等則是偏向寡占市場。而如出版、廣播電視、線上遊戲以及表演藝術則是屬於獨占競爭。質言之,無論是哪一種經

濟競爭體系,都是建構在競爭、租稅、契約與倫理等面向的龐大法律之上。

一般原理

除了上述供需原理和市場結構之外,幾項重要的經濟學一般原理,包括邊際問題、差別訂價以及公共財特質等,也都被普遍用在文創產業分析。

首先是邊際問題,個體經濟學提供了一個描述性架構,可以用來分析在特定時間之內產品或服務的供需變化。圖1.3就是一個模型典範,代表企業在追求利潤極大化下的生產策略,圖1.3(a)中的交叉點,代表產品的邊際收入(marginal revenue, MR)等於產品的邊際成本(marginal cost, MC)。前者代表每增加一個單位銷售產生的收入,後者代表每增加一個單位供給產生的成本。至於平均成本(average cost, AC),則是包括固定成本和變動成本的總成本除以總生產量。企業的利潤就是長方形陰影部分,等於價格(p)乘上數量(q),減去成本(c)乘上數量(q)。

一般而言,除了具有獨占性的產品或是品牌之外,不同企業之間的產品差異不大,因此追求利潤極大化的企業,必須努力把市場需求曲線(D)向右移動,或是讓它變得更為陡峭。最好的方法就是使D曲線向右移動,代表在既定的價格之下讓需求增加;或是使D曲線變得更為陡峭,代表透過廣告或是促銷,讓消費者對於需求的價格反應更低,也就是更沒有價格彈性,詳如圖1.3(b)。只要企業維持相對平坦的邊際成本曲線,就能大幅提高獲利空間。另外,替代的產品愈多,需求的價格彈性也會愈大。

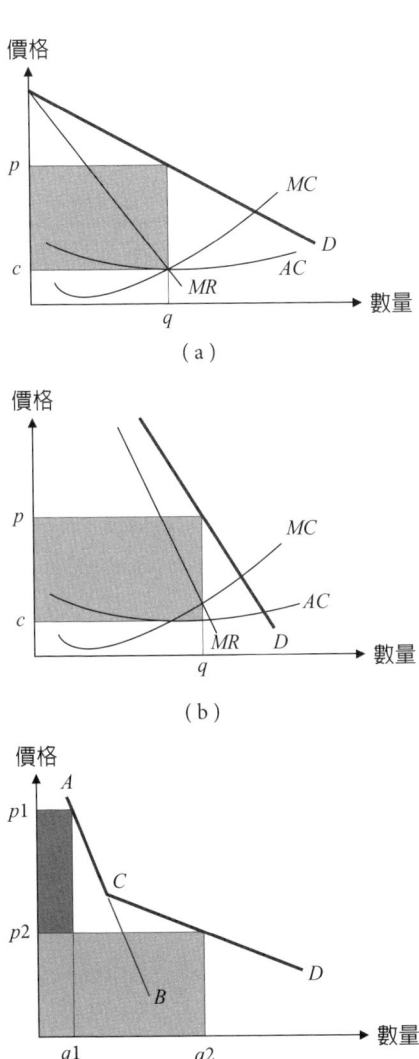

圖 1.3 利潤極大化的生產策略：(a) 邊際成本等於邊際收入的最適生產量；(b) 朝向無彈性和向右移動的需求；(c) 差別訂價下的消費者剩餘。

以電影為例，由於初期必須投入龐大的製作和行銷成本，加上最終市場需求無法掌握，包括票房、DVD 銷售和有線電視等市場規模不定，風險機率幾乎從零到無限大。上述製作和行銷成本許多都是預付，並且規模都相對大於其他產業，這種已經投入並且被假定無法回收的龐大資金，我們稱為沉沒成本[5]。相對於生產過程中投入的其他單位原料和勞動成本（變動和邊際），沉沒成本相對較高並且持續很長時間。不過，對於以無形資產為基礎的文創產業，一旦作品完成，後續每增加一個單位的生產成本，例如，增加一份電影拷貝，若是與先前的沉沒成本比較，明顯微不足道。因此，依照上述一般原理，電影發行商可以藉由投入更多的行銷宣傳，讓市場需求曲線更向右移動。另一策略，則是讓需求曲線變得更為陡峭，意即使需求價格變得更無彈性。一般而言，需求價格更無彈性的產品或是服務，通常具有下列特性，包括被視為是必需品、替代品較少、預算比重較低、消費時間較短、不常使用等等。經濟學家使用彈性的概念，來推估價格或是所得的百分比出現變化，對於市場需求會造成多少百分比的影響，彈性公式如下：

$$\varepsilon_p = 需求量變化\% / 單位價格變化\%$$

當其他條件不變，所得增加或是價格下跌，通常預期市場需求會

---

[5] 沉沒成本（sunk cost）或稱沉澱成本或是既定成本，代表已經付出且不可收回的成本。例如，已經付款的電影票，假設無法退票，此時就算不看電影，票款也無法收回，電影票價就是沉沒成本。多數經濟學家認為，理性決策者不該考慮沉沒成本，例如，若發覺電影不好看，要不忍著看完，要不退場去做別的事。經濟學家通常建議選擇後者，至少只是損失一些錢，但還能挪出時間做其他事來降低機會成本。

提高。在需求彈性方面,假設價格上漲 4%,需求下跌 8%,則需求價格彈性為 –2。至於不同產品或服務之間的需求彈性,我們稱為交叉彈性(cross-elasticity),它可以是正值,代表不同產品之間屬於替代性,例如,電影《星艦迷航記》(Star Trek)和《星際大戰》(Star Wars)。它也可以是負值,代表不同產品之間屬於互補性,例如,電影門票和可樂與爆米花。至於所得彈性可以分為奢侈品、必需品和劣等品。奢侈品,代表當所得提高,需求也會提高,所得彈性大於 1。必需品,代表當所得提高,需求增加的幅度小於所得提高的幅度,所得彈性介於 0 到 1 之間。至於劣等品,代表當所得提高,需求反而下跌,所得彈性是負值。一般而言,對於大部分的人來說,大多數的文創產品或服務既是必需品也是奢侈品。

另一項策略,差別訂價(price discrimination),它是透過掌握經濟學上所謂的消費者剩餘(consumer surplus)概念,即可有效地提高企業獲利。簡言之,產品價格可以訂在消費者實際支付和願意支付的區間之間,當面對不同的消費者需求,企業可以訂定不同的產品價格。透過上述差別訂價策略,在沒有增加額外的成本情況下,額外的收入等於長方形交叉陰影區,詳見圖 1.3(c)。企業可以採取差別訂價的情況,包括企業具有訂價的獨占力、具有可以區隔不同需求彈性消費者的能力、消費者無法順利轉銷產品或是服務等。最後是公共財特質,公共財代表可以提供許多人共享,並且不會減損其他人的消費利益。例如,國防支出和減少空氣污染計畫。總的來說,文創產品普遍上屬於無形文本,因此在消費上幾乎不會造成他人利益的減損,例如,出借或是分享電影影片、音樂專輯或是暢銷小說,都不會改變他人的閱聽體驗,儘管許多產品皆以私有財的方式傳遞,不過,包括電影、音

樂、電視、主題樂園、運動節目等都具有公共財特質。最後，公共財代表每增加一位電視觀眾或是主題樂園旅客，無法衡量增加了多少邊際成本。

管理理論

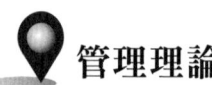
廣告行銷

廣告是重要的行銷策略，在市場供需方面，某些媒體產業或是文創產業經常扮演買方的角色，而非賣方的角色。例如，電玩遊戲、賭場或是主題樂園，經常屬於廣告的買方。至於廣播電視、報紙和雜誌則是廣告的賣方。一般而言，強調品牌形象的產品或服務，通常擁有較高的廣告銷售比（advertising-to-sale, A/S）。無論如何，廣告對於媒體或文創產業的買賣雙方都很重要。從需求面的角度，廣告可以提高產品的獨特性和時效性，策略上可以將需求曲線向右移動，或是使需求曲線變得更陡，更加缺乏價格彈性。從供給面的角度，廣告對於以提供廣告版面和時段為獲利基礎的事業而言，包括廣播電視、有線電視以及相關新興媒體者而言，同樣非常重要。以廣播電視和有線電視為例，這些產業初期通常需要投入龐大資金和固定成本。因此，只要市場對於廣告需求有些微變化，就會立即反映在廣告的價格和成本上，並且直接影響到收入和利潤。總的來說，目前廣告愈來愈朝向整合方向發展，包括結合促銷（merchandising）、授權（licensing）、活動贊助（event sponsorships）、聯合促銷（tie-ins）或是置入性（placements）等廣告策略，藉此滿足不同產品或服務與不同媒體平台的特色，達到

配銷、發行和行銷造勢效應極大化之目的。

廣告具有下列三項功能,包括說服、告知和補充。說服功能（persuasive view）透過廣告降低產品或服務需求的價格彈性,例如,強調某些作品不可以輕易錯過,非常值得珍藏。或是透過目標廣告（targeted advertising）與差別訂價策略,鎖定特定的區隔目標客群獲利。告知功能（informative view）透過廣告宣傳低價訊息,類似策略可能引起價格戰爭,利於新進產品進入市場。補充功能（complementary view）透過廣告提高邊際消費者[6]（marginal consumers）的需求彈性,藉此與競爭對手產品產生差異性區隔並挑動消費者轉換。無論如何,儘管廣告的成本與效益關係無法明確衡量,不過,廣告對於媒體與文創產業買賣雙方都很重要。

廣告經常被新進者視為是一種市場進入障礙,意即新進者必須提高廣告銷售比,才能建立相同的產品知名度和品牌形象。至於如何衡量最佳廣告銷售比率（A/S ratio）,一般而言,最適的比率是:廣告支出占收入百分比意即廣告密度（advertising intensity）,等於廣告和價格的需求彈性之比,模型方程式如下:

$$kA/S = \mathcal{E}_a/\mathcal{E}_p$$

其中 k 為常數,$\mathcal{E}_a$ 為廣告的需求彈性,$\mathcal{E}_p$ 為價格的需求彈性。

6　期望價格與實際價格之間的差距,經濟學稱為「消費者剩餘」（consumer surplus）,剩餘較小者甚至為零者,稱為邊際消費者（marginal consumers）,至於剩餘較大者,稱為內邊際消費者（intramarginal consumers）。

財務分析

對於投資者而言,市場能否正確訂出企業資產價值(asset values)非常重要。一般而言,資產評價方法可以分為三類:現金流量折現、比較法與選擇權。有時三種方法都很適用,不過,有時只適用特定的評價方法。其中,現金流量折現是一項核心概念,因為它兼顧了獲利和風險的時間價值。

由於媒體和文創產業的主要資產,大多是無形資產或是鑲嵌於智慧財產權之中,因此,衡量這些資產的未來預期收入,以及企業控制類似資產的長期權益非常重要。雖然現金流量折現並非是最完美的評價方法,不過,只要選擇適當的折現率,就能把資產折現成為當前價值。一般而言,任何資產的現金流量折現價值,都是計算預期未來現金流量的淨現值(net present value, NPV)總和,公式如下:

$$NPV = \sum_{t=1}^{n} CF^t / (1+r)^t$$

其中 r 為風險調整後的報酬率,通常是當前利率。CF^t 是預估未來的現金流量,t 為第幾期,n 是未來收到現金流量的期數。簡言之,如果報酬率為9%,電視節目的預估現金流量,未來三年分別為 3 百萬美元、2 百萬美元,以及 1 百萬美元,第三年以後,沒有任何的價值,則該節目的 NPV 為:

$$NPV = 3/(1.0+0.09) + 2/(1.0+0.09)^2 + 1/(1.0+0.09)^3$$
$$= 2.75 + 1.683 + 0.7722$$
$$= \$5.205(百萬美元)$$

比較法則是比較不同財務比率或是特定的產業與企業。比較的項目包括現金流量價格乘數（price-multiples）、營業收入、股東權益和獲利成長等。例如，比較採用不同會計準則的全球企業，最佳方法就是比較企業價值（enterprise value, EV）和未扣利息支出、攤銷及稅負的收入（earnings before interest, taxes, depreciation and amortization, EBITDA），企業價值會隨著特別股加以調整，等於已發行的股份乘上股價（意即股東權益資本化價值）加上債務減去現金。現金流量價格乘數、營業收入和其他財務特徵，已經反映出預估未來現金流量折現與資產利用價值與資產等級。例如，假設有線電視系統以未來預估現金流量的十倍價值進行交易，那麼其他擁有類似特質的有線系統，也可以接近十倍的價格自行訂價。在媒體與文創產業的資產評價上，這種比較倍數法（comparative-multiple approach）經常被拿來使用，不過它無法充分地掌握市場的外部性（externalities），意即某些特定的因素對於特定的買主，可能造成媒體的資產價值受到顯著的影響，包括品牌名氣、政治潛力和道德影響力、或是接近特定市場等，它們都會影響媒體的交易價格。

　　最後是選擇權，由於媒體和文創資產經常具有類選擇權（option-like）和不經常交易的特質。因此，採用現金流量折現或是比較法並非最適。反而，可以採用選擇權訂價模式，例如，Black-Scholes 模型可以用於求償權評價（contingent claim valuation），代表未來可能發生的權力，意即資產只有在特定的條件和機率之下，才會獲得報酬的一種要求權。媒體或是文創產業的類似資產，若是屬於類似選擇權契約則可使用，例如，文本智慧財產權、行銷或是發行權契約。

投資策略

除了前述財務分析之外,投資績效也會受到許多其他因素的影響,例如,各國的貨幣政策、總體經濟趨勢與投資者心理因素等,以下提出幾項媒體與文創產業的證券評價工具。

負債/權益比(debt to equity ratio, DE),各種媒體與文創產業擁有不同的償債能力,通常都以預估現金流量波動性加以衡量。現金流量波動性愈低,負債/股東權益比的水準愈高。例如,相較於線上遊戲產業,賭場通常被認為其現金流量波動性比較低。至於電影和音樂產業,主要依賴電影資料庫和歌曲目錄,因此其波動性剛好介於中間。

股價/淨值比(price to earnings ratio, PE),或稱本益比。在分析比較不同產業的股票價值時,這項方法容易遺失大量有用的資訊。例如,電影和有線電視系統若是按照傳統的會計原則,必須預測預期收入和確認辛迪加聯盟收益,結果容易扭曲收入的趨勢。不過,如果非得採用這項方法,相關會計實務有必要進行些許調整。

股價/營收比(price to sales ratio, PS),不會受到上述收入衡量的會計扭曲,因此被廣泛用在普通股的評價。對於評價媒體和文創產業證券,價格/銷售比,代表將每股價格除上每股營收,也許是檢視現況最有效的方法。如果將特定期間的銷售加以調整,可以把當前銷售和趨勢水準加以比較。例如,一部暢銷電影或是音樂專輯,銷售可能暫時高於趨勢水準;同樣地也許因為景氣衰退,銷售可能暫時低於趨勢水準。價格/銷售比和邊際利潤密切相關。

企業價值(enterprise value, EV),就是衡量已經發行的股數,然後加上淨債務,意即總債務減去現金,並且調整資產負債表外的

資產。隨後,再將企業價值和未扣利息支出和稅負的收入(earning before interest and taxes, EBIT),或是未扣利息支出、攤銷及稅負的收入(EBITDA),或是其他偏好的現金流量進行比較。採用這項方法,能使在相同產業但有不同資本結構的企業,站在相同的基礎上進行比較。特別是判定企業股價是否高於其他產業群集,企業價值相較於股價/營收比更為可靠。

帳面價值(book value, BV),亦即資產負債表中的股東權益,是傳統財務分析的重要評價標準。同樣地,對於媒體和文創產業的股價評估,它也扮演相當重要的角色。例如,某些企業的主要獲利力來源,可能來自於電影資料庫或是歌曲目錄,這些資產都已被完整地記錄下來。此外,以不動產為例,影城遊樂場(studio backlots)、主題樂園設施、廣播電視塔址(transmission tower sites),其歷史成本通常遠低於財產的當前價值。至於品牌和其他無形資產,例如,智慧財產權,可能也擁有相當可觀的價值,只是迄今尚未反映帳面記錄而已。

文化理論

空間生產 [7]

要理解空間理論對於主題樂園、觀光地景、藝術園區和表演藝術的影響,必須先回溯馬克思(Marx)對於資本生產的論述。依照馬克思《資本論》的觀點,人類社會不過就是一個生產體系,人類的繁衍

---

[7] 趙文(2014),「空間生產」,《文化研究關鍵詞》,汪安民主編(簡體版),江蘇:人民出版社。

作為人類的自我生產，構成了家庭和社會的基礎，馬克思的生產包括了物質性和精神性，生產的總體在再生產的過程中體現出生活經驗和歷史。1939 年，法國哲學家列夫符爾[8]（Lefebvre）則補充了上述生產概念，他提出了資本論只是針對時間進行探討，解構榨取剩餘時間價值和上述價值的流通，忽略了一項重要事實，亦即在生產的物質層面，商品世界既存在於時間之中，也存在於空間之中。「空間」是資本主義最重要的掠奪。

於是 1974 年，列夫符爾在《空間的生產》（*The Production of Space*）著作中提到：「社會空間是一種特殊的社會產品，任何一個社會都歷史性地生產屬於自己獨特的空間模式，社會生產的主導實踐方式，決定了它的空間生產方式與空間形式。」例如，歐洲各階段歷史的空間模式，都是由社會意識形態概念所投射。以希臘人為例，希臘城市的空間與其宇宙觀緊密相關，城市中心的設計一定是空盪的，並且按照黃金分割律予以安排，希臘公民得以在那種體現宇宙統一性的氛圍中交流。而羅馬廣場佈滿的神殿、祭壇甚至是監獄，也都映射出整體國家和社會的權力關係。但以上都是單一概念性的再現，缺少了感知體驗。

簡言之，列夫符爾的空間生產理論架構，試圖將現實與再現經驗的概念予以整合。包括了下列三個構面：空間實踐（spatial pratice），代表一種擴展的物質性環境；空間再現（a representation of space），

---

[8] 法國思想家與馬克思主義者，1960 年代出版《日常生活批判》（*Critique de la vie quotidienne*）使他成為「日常生活批判理論之父」。1974 年《空間的生產》（*La production de l'espace*）一書提出社會空間（social space）概念，強調空間除了由權力者所控制，也是一種實踐、零碎及社會成員外部化與物質化的生活經驗。這本著作衝擊了 1960 年代晚期新地理學，成為諸多學派抨擊量化空間科學的利器。

代表用來指導社會實踐的一種構念模型，通常是專業者或獨裁者的想像；再現空間（representational spaces），則是實踐者和環境之間的鑲嵌關係，通常是人民的經驗，所以體驗感知多重。質言之，作為人實踐產物的空間，首先是人的活動成果，它體現在一種可以被認知的物理性環境。其次，是特殊的抽象符號，它體現為統治者在空間抽象模型中對於民眾的空間概念的控制，以及反向地後者對於前者的一種反控制。最後，則是作為媒介的再現空間，全體社會成員透過這個媒介行動並且進行交流。因此，空間生產不僅是對於空間感與社會空間的生產，也是社會不同階級內部與不同階級之間對於空間感與心理認知的生產，詳如圖1.4。

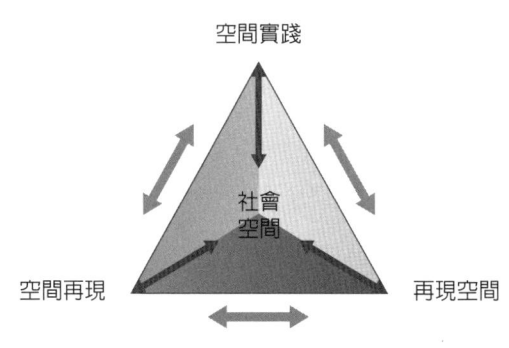

圖1.4 列夫符爾的空間生產模型

總的來說，資本主義無可避免地商品化了社會的一切，空間當然也無可避免，也成為當代主要的空間文化形式。資本的流通在上述的商品化過程中，解決了過度生產和積累所衍生的矛盾，當資本在追求最大的剩餘價值時，需要轉化為另一種流通方式，於是轉向對於空間

環境的投資。易言之，貨幣融通、空間發展、金融和土地投機開始成為第二次榨取剩餘價值和獲取財富的方式。最終，空間徹底成為商品（space as commodity），人在其中也確定形成商品化的宿命。於是空間和其他商品一樣，資本主義的空間生產引發了空間的零碎化和同質化，這種空間商品以喪失空間感知的多元性作為龐大代價。細而言之，原本應該屬於異質媒介的社會空間，也無可避免地被資本主義給同質化了。基於資本主義的交換價值、破壞性和非耐久性的本質，更進一步催化了空間被過度商品化的發展。因此，新的空間不斷地被大量增殖，人們的生存環境也不斷地被大量破壞，包括內在身體與外在環境。質言之，資本主義的空間生產關注的仍然是空間的資本交換價值。

內爆外爆 [9]

電玩遊戲為何如此挑動人心，讓人在真實和虛擬之間產生錯亂，讓人寧可選擇放棄真實投入虛擬。想要理解文本作品的想像力如何擴張，真實和虛擬之間的界限如何產生崩解，文化理論的內爆概念可以提供一個可行的分析路徑。麥克魯漢（McLuhan）認為，過去以來，憑藉著分解的與機械的技術，人類取得了爆炸性的成長。在機械時代，人類完成了身體在空間內的延伸，時間差異和空間差異不復存在。人類正快速逼近延伸的最後階段，意即從技術上模擬人類意識，一旦人類社會進入了這個領域，感知和神經系統將憑藉各種媒體得以延伸。因此，麥克魯漢提出了內爆（implosion）的概念，說明在機械時代和電力時代交替作用之下，人類、自然和社會三者之間出現了根本性變

---

[9] 戴阿寶（2014），「內爆」，《文化研究關鍵詞》，汪安民主編（繁體版），台北：麥田。

化。首先，內爆是指與「身體延伸」相對立的「意識延伸」，前者是機械時代的特性，後者是電力時代的特性。從心理層面來看，內爆使地理意義的距離變近了，甚至趨近於消失。

內爆導致擬真時代的來臨，電力時代使人類社會被媒體的資訊所籠罩，代表真實已經成為過去，對於真實的擬真開始統治人類的意識，成為人類認知事物的基礎。進一步來說，外爆是現代化的過程，代表生產、科技，資本、彊界的不斷擴張，以及社會和價值的不斷分化。但是內爆卻消除了上述所有的界限，當前我們正面臨了全新的內爆階段。

另外，布希亞[10]（Baudrillard）指出，當今的內爆是發生於真實和虛構之間，這是一種意義的內爆。在媒體時代，人們經常是透過資訊獲得、學習與體驗各種意義。然而，媒體與人類的真實體驗終究存在差異，媒體在資訊傳遞的過程中，不僅吞噬意義、拼貼意義，也同時製造意義。實際上，媒體經常在自覺或是不自覺之中呈現非真實事件，這是媒體瓦解真實和意義的基本方式。意即媒體已經顛覆了真實，意義已經無從談起，這就是對於意義的真假界限所進行的內爆。

最後，關於真實和意義的內爆，德國社會學者哈伯瑪斯（Habermas）曾經對於電影、電視、電腦、電話和廣播等媒體提出質疑，他認為事實上媒體阻礙了人們理性溝通的實現。無論如何，社會不再擁有真實的空間，實際上的社會空間等同於混淆的媒體。媒體膨脹終將導致整

---

10 法國社會學家及哲學家，1970年代中期出版重要著作《象徵交易和死亡》(*L'Echange symbolique et la mort*)，導引了他於1980年代進一步闡釋「擬像」(simulacra) 與「模擬」(simulation) 關係，後續對於大眾傳播媒體及數位科技衍生了全面革命性的批判。

個社會及其空間內爆。從某個意義來看，社會的內爆也是大眾的內爆。若從後現代負面的角度批判，內爆如同是將各種真實、意義和價值界限進行摧毀，它是一種破壞，一種顛覆。

超真擬像 [11]

無論是電影、小說、主題樂園或是表演藝術，文本經常可以在當下形塑出一個比真實更真的美好，一種超真實。文本提供的意象，讓人透過想像對於真實進行顛覆，從對真實的再現、遮蔽、扭曲一直到全面予以取代，詳如圖 1.5。布希亞認為這種超真實的擬像，可以透過仿真的三個階段來達成，第一個階段是仿造，第二個階段是生產，第三個階段是擬像（法文，simulacra），擬像就是超真實的體現。一切的

圖 1.5　擬像：意象對真實的再現、遮蔽、扭曲和取代

---

11 戴阿寶（2014），「超真實」、「擬像」，《文化研究關鍵詞》，汪安民主編（繁體版），台北：麥田。

擬像都在尋求一個模型以塑造真實。布希亞提出了擬像的概念，並且舉出一個有趣的實驗。例如，設計一次假的搶案，選擇假的武器（避免真實的傷害），以及假的人質，但是提出真實的贖金要求，過程中要儘可能的逼真，騷動要儘可能的擴大，藉此考驗警方的反應處理能力。不過，這項設計最終可能徹底失敗。因為，擬像會使假的事件和真實產生混淆。警方可能真的回擊，逮捕假的搶匪，並讓一切都是作假的搶案陷入真實之中。這種真實會將還原真實的途徑完全堵死，於是一切都在擬像之中成為真實。

也就是說，真實已經在擬像之中消失，迪士尼樂園就是一個擬像的典型。在樂園中的虛幻人物和美好遊戲，都只是想像的世界。從某一個角度，迪士尼是超不真實，但是從擬像的角度，迪士尼才是真正的真實，也就是超真實──一種想像超過於真實，成為一種比真實還要真實的真實。易言之，擬像既有虛幻性，也有真實性。虛幻是一種想像和意識的共謀，真實則是存在於心中而無法去除。

所謂的超真實（hyperreal），代表仿真發展到了擬像階段，真實本身已經被徹底瓦解，一種比真實更真的狀態被體現。超真實之所以比真實更真，因為它打破了真實和想像之間的界限。關鍵在於，超真實是依照模型產生出來，它從根本上顛覆了真實存在的基礎。也就是說，超真實不再需要客觀存在的東西，而是人造的和想像的東西。

對於真實到超真實之間的轉換，可以透過意象對於擬像的構造表現逐步拆解：第一、意象對於真實的再現。第二、意象遮蔽和扭曲了真實。第三、意象遮蔽了真實的缺席。第四、意象和真實斷絕了關係。在上述四個階段，當第二個階段的意象開始扭曲真實，再現和真實的

對等關係開始出現鬆動。也就是說，意象開始進入惡的秩序，再現變成一種戲仿（parody），意即一種透過對於原作的遊戲式和調侃式的模仿，從而建構出新文本的符號實踐。當然，這個時候的意象意義，仍然來自於與它及對象的非真實關係，雖然它已經脫離真實。到了第三個階段，意象如同巫術，雖然空洞無物，但卻如真實一樣的存在著。「從掩飾有物的符號，到掩飾無物的符號，後者開始了一個仿真和擬像的時代，不再需要區分真與假。」想像成為意象脫離真實的路徑，由於想像的介入，超真實在意象中得到完成。

模型是超真實、超越真實的基礎。真實是一種客觀的邏輯，或是再現的邏輯，真實維護著自身存在的合理性和正當性。然而，超真實對於真實提出了質疑，例如，模型從根本上消除了所謂的真實，因此，也消除了客觀性和再現性，模型使得超真實成了一種自由的空間，讓人置身其間體驗美好。如果不把超真實只當作一種思維。事實上，「我們應該把超真實顛倒過來，當今的現實本身就是一種超真實！」

儀式戲仿 [12]

理解人們進入電影院觀賞電影、參加現場音樂演唱會、觀賞職業運動比賽，或是參與各種節慶活動以及嘉年華會，文化理論的儀式概念可以提供一個不錯的切入點。儀式（ritual）是指被特定群體所普遍接受，並且按照某種既定方式進行的活動與行為。儀式與傳統和習俗

---

[12] 范妮和胡繼華（2014），「儀式」、「戲仿」，《文化研究關鍵詞》，汪安民主編（繁體版），台北：麥田。

類似,經常例行地在特定時點和情境之下舉行,並且承載著特定的象徵意義。儀式可以是一個純粹的宗教概念,是在宗教觀念和宗教情感之外的一種表現方式,或說儀式就是一種宗教的實踐和行為。

儀式作為一種宗教行為,它與宗教的其他要素,例如,信仰、神話和典禮置身於相同的體系之中。本質上,宗教可以分為二個層面,包括思想層面上的信仰,以及行為層面上的儀式。思想層面上的信仰和神話,可以視為是宗教的內在行為。相反地,行為層面上的儀式,可以視為是宗教的外在行為。宗教起源於作為其內在行為的神話,而儀式則是神話的一種實踐和展演。另一方面,儀式作為一種實踐的行為,在內容和形式上比神話更為確定。總的來說,宗教起源於儀式,而神話只是儀式的表述。

事實上,儀式幾乎逐漸失去了宗教意義,並且成為一種社會現象。對於共同體的社會來說,儀式扮演了關鍵重要的角色,透過儀式承載的象徵意義和社會規則,讓所有的參與者和觀看者被內化,儀式實現了個人和社會的認同,消解了人際之間的差異,藉此建立社會共同體和社會秩序。特別是,儀式可以透過共同的記憶和投射實現時間的延續性。

至於文化是一個由符號、意義和價值所建構的體系,儀式則是文化的象徵。一定的文化體系反映出相應的社會結構。儀式在象徵特定文化的同時,也表徵其相應的社會結構。而在儀式進行中,文化體系希望建構的社會價值被傳達給參與者,儀式於是成了通向虛擬社會結構的一種召喚。

近來更多人認為,儀式本身已經成為一種象徵,而不是社會結構

和文化體系的象徵。在這裡，儀式被視為是一種表達人們在社會生活中的經驗與情感等行為。每次儀式的進行，都是對於先前進行相同儀式的一種模仿，同時也成為下一次儀式的模仿對象之一。如此，儀式一則為人們提供了行為模式，再則也操弄著人們的行為及其表達的經驗與感情。儀式所承載的社會價值和規範因此被人所內化，儀式作為模仿的不斷重複，進一步催化了社會結構，使之更為穩定。

至於戲仿，它是一種透過對於原作的遊戲式與調侃式的模仿，從而建構出新文本的符號實踐。如果進一步把戲仿視為是一種保持距離的重複，一種對於戲仿對象的存在合法性的肯定和顛覆，那麼，戲仿可以是一種顛覆正統規範的文化實踐。戲仿可以是一種用他人的語言說出的他人話語，從而展開的一種狂歡世界的感受，顛覆正統文化。在某種意義上，戲仿是一種激進的文化實踐，它以滑稽模仿的方式，重複占有統治地位的文化觀念和規範，進行催生一種自由批判的意識模式。藉由顛覆效果所激發的狂歡，不僅存在於傳統的古代生活和節慶之中，幾經現代社會的改造與流傳，它已經活躍於小說和戲劇之中，甚至還以激進的形態出現於電影和電視之中，同樣也包括序論提到的現場音樂演唱會、職業運動表演，以及各種節慶觀光與嘉年華會活動。

第二章

策略特質

儘管媒體和文創產業規模龐大且變化快速,我們可以透過經濟和文化等多元角度,描述它們的共同特質、策略以及相關公共政策議題。

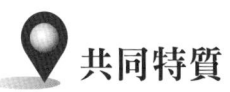

共同特質

長期觀察以後,可以歸納出文創產業普遍具有下列特質:

少數的成功獲利

媒體和文創事業具有幾項重要趨勢,包括當產業進入到穩定的成長階段,意即達到市場經濟規模之後,產業通常由少數大型企業所掌控,但也只有少數作品可以暢銷獲利,並且經常用來抵銷多數虧損的作品,包括電影、廣播電視、電玩遊戲和音樂等產業,統統具有類似的特質。至於表演藝術產業,要創造難得的銷售佳績更是少見,長期經營虧損已經成為必然。

龐大的行銷支出

許多媒體和文創產品或服務的生命週期可能非常短暫,因此,必

須持續地吸引潛在閱聽者關注。例如，拉斯維加斯賭場、佛羅里達州主題樂園，或是新型電玩遊戲等，單位行銷支出經常遠大於單位生產成本。例如，電影行銷支出經常占暢銷電影的平均發行成本的50%。從經濟學角度，透過投入龐大的行銷支出，目的在於把需求曲線向右移動，並且降低需求的價格敏感性，意即讓消費者對於價格更無彈性。

可觀的附屬市場

由於沉沒成本的獨特性質，每筆收入都被用來沖銷直接成本。因此，媒體和文創產品經常從其他附屬和次級市場，創造可觀的收入報酬。由於市場存在各種不同需求彈性的消費客群，因此，可以利用差別訂價策略進行剝削。例如，電影的收入來源通常來自於有線電視和DVD，而非電影院票房，因此，循序採取不同的放映窗口放映電影，過程中可能涉及電影的衍生性產品授權，例如，將電影劇本轉換為電視或是小說文本，其間也包括轉換過程中的差別訂價策略。

寡占的市場傾向

許多媒體和文創產業一旦過了初期發展階段，早期投入相對較高的資金成本和營運資金，經常成為新進者無可避免的進入障礙。因此，多數媒體和文創產業最後都被資金雄厚的大型企業所壟斷。例如，電影發行、賭場、主題樂園、有線電視系統、電玩遊戲和廣播電視等，它們都普遍具有這項產業寡占的傾向。

具有公共財特質

經濟學上的公共財概念,代表某人的消費不會減損他人的消費體驗。許多媒體與文創產品或服務,雖然經常以私有財方式流通於市場,不過,包括電影、音樂專輯、廣播電視與職業運動節目等都具有公共財特質。另外,由於文創產品的再製成本通常相當低廉,因此,透過人為的手段來限制產品的流通,藉此創造稀有性以便增加價值。透過版權策略,可以禁止人們自由地複製文本,並且限制近用與再製的流通機會,使複製變得更為困難。

非標準化的產品

非標準化利於顛覆市場,但是不利於生產效率。儘管媒體和文創市場經常屬於寡占結構,不過獨具創新精神者經常可以異軍突起。例如,戲劇、電影、音樂和電玩遊戲,經常是由單一或是少數群體獨立創作,而不是由大型企業進行創意發想。總的來說,非標準化的創新可以是文本作品,例如,電影劇本、音樂詞曲創作、表演藝術的音樂或舞蹈、電玩故事設計等。除此之外,非標準化的創新也包括獨特的經營流程、行銷策略或是財務系統,例如,電影和職業運動等,經常採用選擇權契約等創新財務模式。

喜新但並不厭舊

傳遞文本內容的方式一直在演變。雖然新媒體的推出會減弱傳統媒體的重要性,不過,傳統媒體並不會因此而消失。例如,廣播電視或是家庭錄放影機的推出,並不會影響人們到電影院排隊看電影,或是到百老匯觀賞精彩的藝術表演,或是打開收音機聆聽無線廣播。即

便目前已經進入數位網絡和智慧型手機時代，無線廣播電視和有線電視系統也依然存在，同樣地，人們也還是經常購買報紙、書籍和雜誌。

普遍化的感動力

故事是文創的宗教，故事可以讓人尋得撫慰。感動人心的文本，經常指向消逝已久的過去，或是遙不可及的未來，讓人透過不受限的想像力，停留在一個美好的感動。普遍化的感動可以跨越不同的文化和現實疆域，為媒體和文創產業帶來全球吸引力，創造龐大的收入和獲利來源。無論是小說或是電影都是說故事的重要媒體，即便是職業運動產業也深諳此道。例如，實況追蹤運動球星，無論是場內或是場外，無論是成功或是失敗，球星的任何舉手投足與任何表情眼神，無不引起球迷和粉絲的關注，加上各種出版媒體與專題報導的催化，形塑心中的偶像是如何的成長與面對挑戰。同樣地，例如時尚奢華產品波爾多紅酒，農場可以將季節變換的過程如何影響葡萄的生長和製作，轉化為一則則動人的採收實況，讓人引頸期盼美好的佳釀。

矛盾的產業邏輯

文創是一個文本創作的產業。長期以來，文本創意的浪漫情懷和自主性始終受到尊崇，只是一旦進入市場邏輯，文本創作仍會受到創意經理、製作人和編輯等中間人的控管。某種意義上來看，文化和藝術追求的是優雅和美學，產業和市場追求的是效率和報酬。兩者的思維路徑和運作邏輯高度互斥，如同光譜的兩端。弔詭的是，文創卻是試圖結合兩端的創新性矛盾。也因此，文創的複雜性始終來自於上述

矛盾的存在。易言之，如果聚焦於文化和藝術，可以為了藝術而藝術，因此長期的藝術不朽更勝於短期的獲利報酬。相反地，如果聚焦於產業和市場，不獲利則是最大的不道德，因此，短期的模仿同樣更勝於長期的創新虧損。文創就是屬於這種公開矛盾的產業。為了解決上述問題，也許可以將文本產品交由外部獨立工作室來製作。一般而言，對於文本創作普遍存在的根本價值，都是不希望任由科層組織來管理，甚至是抹殺創意。不過，在財務和行銷等方面，為了降低管理創意帶來的風險，由大型組織嚴格控管再製、通路和行銷，不失為一種可行的折衷方法。

極大化閱聽觀眾

由於文本的需求經常是高度主觀且不理性，閱聽習慣經常是反覆無常且不確定，加上文本轉化為產品之後的生命週期可能極短，因此，為了極大化閱聽觀眾的規模，必須持續地吸引閱聽消費者的目光，大量的行銷曝光於是成為必然的策略，例如，電影、音樂與數位遊戲，行銷支出經常大於製作成本。面對這樣的不確定本質，可以採行類型化的策略，藉此降低產製失敗作品的可能性，可行的作法包括：一、建立明星體制（the star system），意即在文本上列出重要卡司、明星或是表演者的姓名，持續形塑上述作家或是表演者的明星光環。二、建立文類（the genre），例如，將文本區分為恐怖、史詩、推理或是純文學等類型，預先告知閱聽者經由這項文本可以得到何種滿足。一般而言，除非創作者早已是一位明星，否則非常適合以文類方式行銷。三、創造系列（the serial），如同媒體理論指出，成功的文本最後會自行衍生出許多次級及附屬的作品，暢銷的電影也會被期待推出續集或是前傳。

極小化消費者剩餘

由於文本的需求經常是高度主觀、不理性以及因人而異,反映在價格的訂定上,代表可以採取完全差別訂價策略。也就是需求高者訂價較高,需求低者訂價較低,意即每一個閱聽者都是獨一無二。因此,文創產品的專屬使用經驗經常成為訂價基礎,反觀傳統產品訂價經常採取成本導向策略,由於不是基於閱聽者自我認知的最終價值,因此,經常低估了或是扭曲了智慧財產權價值。總的來說,文創產業的價格策略,是需求導向而不是成本導向,是聚焦在滿足個人化的情感、豐富化任何人專屬體驗的基礎上。在需求高度主觀與不理性的前提下,價格訂定也將完全沒有上限。

大量發行的策略

由於暢銷的文本經常只有少數,加上市場曝光與競爭激烈異常,因此多數的文本都不具有銷售力。易言之,多數文本的成功比率遵循80:20法則,少數文本類型情況可能更糟,幾乎達到98:2,例如,音樂專輯的獲利率平均低於10%,普遍上高達70%以上的專輯呈現虧損。因此,大量製作成為重要策略,意即製作的數量高過於可能成功的數目。上述策略的核心思維包括,藉此分散集中於特定文本的投資風險;通常新創作者的版稅較低,製作投資支出遠低於後續宣傳和行銷發行費用;以及暢銷的文本作品通常可能來得非常突然等。特別是,多數的文本作品屬於無形資產,因此當產製銷售規模擴大,其規模經濟報酬也會出現反轉,不同於傳統經濟的規模報酬遞減而是遞增。

政策思辯

長期以來，自由與完全競爭一直是理想的市場結構。不過，事實上許多媒體與文創產業一直受到政府法令的干預影響。例如，廣播電視、有線電視和博奕等。至於電影製作、發行和放映以及職業運動等，則是呈現完全相反的政策法令方向，例如，解除產業的反托拉斯規定，以及鼓勵市場的寡占與壟斷結構。

事實上，面對如何平衡政策立法，包括究竟是支持產業開放或是加以干預，給予產業補貼或是予以免稅或抵稅等公共政策議題，始終困擾著經濟、政治、文化與社會等不同領域的學者。歸納來說，主要探討的議題包括立法從嚴或是從寬（strict versus lenient）、市場自由或是干預（laissez-faire versus intervention）、產權集中或是分散（concentration versus diversity）、補貼或是稅額優惠（subsidies versus tax breaks）、產業效率或是結構（efficiencies versus structures）等。上述議題經常涉及不同的價值取捨，不同的價值也經常存在著無法忽略的機會成本。例如，當政策立法鼓勵產權集中以達到產業效率，但此舉可能導致市場結構的失衡，造成產業壟斷與創新能力的折損。

事實上，不同的國家經常採取不同的政策與立法策略，以電影為例，歐盟立法採取各種租稅抵減、補貼和配額保護措施。同樣地，美國則是嚴格禁止外國勢力進入或是只開放給少數特定群體進入廣播電視。美國同樣立法限制報紙、有線電視以及廣播電視進行交叉持股[13]

---

[13] 交叉持股是指不同公司之間相互持有對方所發行的股份，從相互持股的公司之間是否具有從屬關係，可以分為垂直式和水平式，前者是指在母公司持有子公司股份的同時，子公司亦取得母公司的股份，後者為不具有控制關係的公司之間平行地相互持股。

（intersect holdings），藉此防止產業獨占以維持市場的多樣性。

除了經濟因素之外，文化和非營利因素也很重要。例如，為何以公共支出或是提供租稅抵減，純粹只是為了興建供富人欣賞的歌劇院？為何不以補助興建大型運動場館的經費，勻挪用來濟助窮人或是提供偏鄉教育和健康照護？如果不透過上述補助，社會如何持續維護文化和藝術的發展？政府是否應該提供電影產業租稅抵減，又為何不是用在學校興建或是發展無污染電力？政府是否該立法鼓勵或是限制博奕產業，難道提高政府稅收比社會治安嚴重惡化還要重要？

最後，盜版與智財權保護也是重要議題。經濟學的搭便車[14]（free-ridership）效應，意即增加一位新的閱聽者其邊際成本等於零。在音樂產業中，剽竊（piracy）一詞雖然引起廣泛的關注，但是卻也經常被誤導為：「當大多數人只是基於非商業的個人用途從網路下載內容，他們的行為比較像是搭便車者而不是侵權者。」上述觀點與衍生的法令明顯地影響了科技發展和企業獲利。易言之，如果政策偏向於支持軟體或是內容更甚於硬體，或是完全相反，那麼對於公共利益的永續性將會產生何種影響？內容創作者和藝術家又該獲得何種補償？

無論如何，面對上述議題，公共政策對於產業獲利和成長都將造成極大的影響，不過誰也無法簡單地回答上面問題。

---

[14] 搭便車問題的基本含義是，不付成本而坐享他人之利，通常發生於公共財，意即某些人需要某種公共財，但卻宣稱自己並不需要，在別人付出代價取得之後，他們即可不勞而獲，同時享受成果。例如，輪船公司不願興建燈塔但卻獲得同樣服務。

第二篇 細項產業

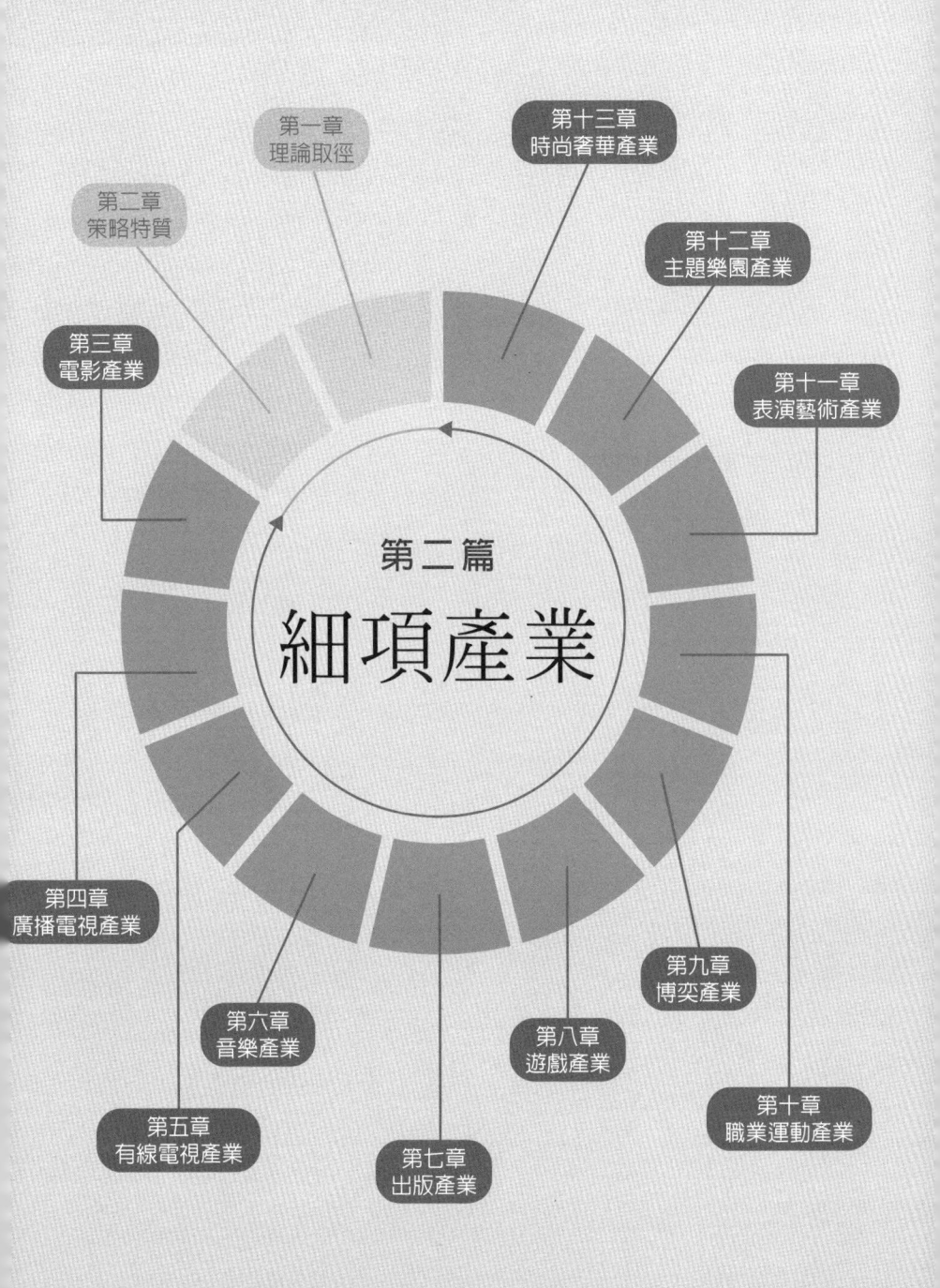

- 第一章 理論取徑
- 第二章 策略特質
- 第三章 電影產業
- 第四章 廣播電視產業
- 第五章 有線電視產業
- 第六章 音樂產業
- 第七章 出版產業
- 第八章 遊戲產業
- 第九章 博奕產業
- 第十章 職業運動產業
- 第十一章 表演藝術產業
- 第十二章 主題樂園產業
- 第十三章 時尚奢華產業

第三章

電影產業

很多人認為電影產業既有趣又高獲利,因此,吸引了無數投資者的目光。然而,成功的滋味容易讓人忘記失敗的痛苦。事實上,十部電影之中,至少有六到七部,叫好但不叫座。只有一部,勉強維持損益平衡。

歷史脈絡

對於十九世紀的攝影工作者而言,將膠卷的單獨影像作成連續畫面的電影製作手法,並不稀奇。當時人們已經了解視覺連續和影像暫存的原理。然而,真正加以結合運用者,則是直到1890年代初期,愛迪生和他的助手威廉狄克森發明了一部可以擷取動態物體影像的光學機器——動態攝影機(Kinetograph)。很快地,第一個動態影像放映室就在愛迪生的紐澤西實驗室成立,當時稱為電影放映機(Kinetoscopes)。這部透過小孔就能觀賞重複播放影片的機器,後來在紐約百老匯展出,並且吸引了許多民眾參觀。

當時包括照相機、影片和投影設備技術大幅進步。在歐洲,1906年之後,倫敦的全天候電影放映室紛紛成立。法國Lumiere兄弟則是第一個將電影投射於屏幕上,當時的法國電影產業引領全球,隨後全

球各地企業家紛紛跟進，試圖在電影放映事業中大撈一筆。反觀，美國電影產業發展初期，則是一連串的專利訴訟和產業寡占爭議。援引一段電影發展史的論述：「電影歷經了多年專利權爭議，主要電影公司終於了解彼此合作的重要性，電影產業初期市場呈現自然的寡占現象。直到 1908 年底，電影專利公司[15]（Motion Picture Patents Company）成立，幾乎掌控了所有電影專利，包括製作、發行和放映，以及專利版權分配。該公司透過收購大部分的電影發行商控制產業。」

電影專利公司及其旗下發行子公司，即俗稱的托拉斯（Trust）公司，經常採取粗暴不公平的作法導致業界強烈不滿。不過，托拉斯公司最終仍然不敵各種獨立製作公司的威脅，包括在製作、發行和放映方面。許多獨立製作人形成新的產業托拉斯，他們採用未經授權的電影專利公司機器。上述獨立製作人後來紛紛成為好萊塢大型製片商創辦人，知名者包括環球（Universal）公司創辦人 Carl Laemmle，曾經出資拍攝《星際大戰》系列影片；福斯（Fox）公司創辦人 William Fox，該公司 1935 年和二十世紀（Twentieth Century）公司合併；派拉蒙（Paramount）公司的 Adolph Zukor；以及整合兩家倒閉製片廠 Metro Pictures 和 Goldwyn Pictures 成立米高梅（MGM）公司的 Marcus Loew。

大約在同一時期，美國西岸也開始出現了一些製片活動。其中，加州地區由於位處偏遠，並且能夠避開東岸電影專利公司的糾纏，加

---

[15] 該公司係由愛迪生與競爭對手 AM&B 共同創建，在電影攝影機、放映機和底片格式等方面壟斷電影的拍攝與放映體系。電影專利公司在成立初期，透過法院發出禁止令與訴訟策略迫使其他競爭者倒閉。因此，導致許多電影業者西進搬遷至天候良好的加州好萊塢，藉此遠離電影公司的根據地紐約與紐澤西州。

上環境優美、氣候宜人以及低廉的非工會勞工，因此，特別適合進行電影拍攝。1920年中期，許多製片廠紛紛跟進，將電影製作事業遷往西岸，紐約則仍扮演著財務樞紐的地位。至此，美國好萊塢開始引領全球電影產業，並且和歐洲的法國與倫敦等地電影產業分庭抗禮。若與其他國家相比，美國電影產業明顯擁有許多優勢，包括建立獨特的明星體制（star system），意即有些演員無論演什麼都有極高的票房表現；擁有多元移民文化的全球最大內需市場；擁有完善大型的藝術製作和發行產業組織；以及普遍為人接受的樂觀理想和美滿故事結局。相較之下，其他國家電影則是訴求非市場導向和藝術導向。

然而，在1930年代，美國電影產業也和其他產業一樣，遭受美國經濟大蕭條的影響，造成產業內部必須進行財務重整和組織再造。最後，部分完成垂直整合掌控製作、發行及放映的公司成功地度過危機，這些公司包括華納兄弟、雷電華（RKO）、二十世紀福斯、派拉蒙和米高梅；規模較小者包括環球和哥倫比亞（Columbia）負責製作及發行，聯美（United Artists, UA）只有負責發行。經濟大蕭條也促使電影專業人員、藝人和相關工會紛紛成立，在美國電影產業中扮演重要的角色。隨後八大電影公司逐漸在市場上興起，除了偶爾與電影工會之間的緊張關係之外，對於市場的掌控更甚於早期的電影專利公司，也迫使許多小型獨立公司難以生存。上述產業結構引起了美國司法部注意。1938年，經過五年的嚴密調查，美國政府指控八大公司非法勾結控制市場，意即放映商為了取得特定電影，必須全數購買發行商的其他影片，俗稱為「夾片制」（block booking）。這場訴訟終於在1940年完成協議，正式確保了發行商和放映商之間的關係，不過，五大電影公司仍然掌控了美國首輪電影院的七成。

結果不令人意外,美國司法部控告持續進行,並在 1944 年重新審理派拉蒙案。其間爭論始終沸沸揚揚,直到 1948 年,派拉蒙公司終於同意簽訂一項協議,同意分割旗下的製作發行和放映子公司,這是美國電影史上知名的反托拉斯案例,至於 1900 至 1999 年系列的反托拉斯事件摘要年表,詳如表 3.1。

表 3.1 美國電影產業反托拉斯事件摘要年表

年份	事件
1908	電影專利公司成立;擁有專利權的十大公司進行交叉授權(水平整合)。
1910	通用電影公司買下 68 家電影發行公司(垂直整合)。
1914	5 家電影發行公司合併成為派拉蒙發行商(垂直整合)。
1916	Famous Players 併購 Lasky 成為主流製片廠(水平整合)。
1917	Famous Players-Lasky 併入派拉蒙和 12 家製片商(垂直和水平整合)。
1917	面對司法判決和獨立製作公司創新,電影專利公司和通用電影公司宣告解散。
1917	3,500 家放映商加入第一國家放映聯盟(First National Exhibitors Circuit),提供獨立製作公司資金及興建製片廠(垂直和水平整合)。
1918	1912 年成立的放映聯合組織部分被禁。
1925	系列聯邦訴訟禁止發行商涉入放映連鎖經營。
1927	派拉蒙公司被要求停止違反自由競爭的行為。
1929	交易限制導致「標準放映合約」失效。
1930	製作/發行/放映全面垂直整合模式建立。
1938	美國司法部審理系列反托拉斯案(派拉蒙案 I)。
1940	主流製片廠進入司法協議。
1944	美國司法部開始審理派拉蒙案 II,要求主流製片廠不得涉入電影放映;地方法院暫停這項規定,但是要求停止其他壟斷行為。雙方都提出上訴。
1948	最高法院宣告執行分離法案;在地方法院司法權下,主流製片廠將電影放映體系分離,遵守反托拉斯法案規定。
1950	發生包括違反協議、價格操弄、夾片制及其他違反競爭等系列反托拉斯事件。

產業驅力

科技和資金

電影產業的幾項發展要素，科技無疑扮演關鍵的角色。誠如許多電影學者觀察，「想要了解電影的藝術和發展，藝術和科技的結合無疑是重要關鍵。二十世紀的科技創新，導致了電影與其他傳統藝術產生極大的差異。」

早期的電影多半是黑白與無聲，直到 1920 年代後期，第一部有聲電影（Talkies）終止了無聲電影時代。由於劇情可以透過對話展開，因此，表演者不再需要誇張的表情與肢體動作。到了 1970 年代，電腦動畫和數位剪輯科技進一步發展，又讓電影製作進入更多令人驚豔的聲光體驗，包括電影《鐵達尼號》（*Titanic*）、《魔鬼終結者二》（*Terminator 2*）、《駭客任務》（*The Matrix*）、《蜘蛛人》（*Spider-Man*）和《阿凡達》（*Avatar*）等，都是數位科技下的電影產物。

科技也讓發行商透過精確的抽樣和預測，快速推估觀眾人數和口碑反應，進行有效的行銷策略調整。科技也帶動了無線和有線電視系統的發展，這些新媒體通路比電影院更具有競爭性和互補性。另外，節目發行和存儲技術的提升，人們可以不必辛苦到電影院排隊，就能輕鬆在家舒適觀賞電影。這種史無前例的電影娛樂享受，不但提供觀眾隨時隨地的娛樂自由，也提供發行商和製片廠更多的市場潛力。總的來說，隨著媒體傳輸科技快速變革，電影娛樂也愈趨個人化發展。

資金則是影響電影產業的第二項要素，無論在製作、發行和行銷上，都需要投入龐大的資金。如果不是電影的財務創新，電影產業絕

對無法達成今日的成就。從經濟理論的角度來看，一般財務模式無法完全適用於電影產業，意即需要大量資金的產業通常容易形成寡占市場，例如，鋼鐵和汽車。然而，由於每部電影都是獨一無二，就連廣告行銷也是量身訂製，因此，電影的經濟價值也和其他大量生產的產品截然不同。事實上，電影是結合少數包括製作、發行和財務等寡占組織的產業結構，但也依賴各種小型和專業獨立製作公司。至少以好萊塢的經驗為例，這種小蝦米和大鯨魚和平共處的案例很多。好萊塢就像是一個網絡經濟典範，持續進行著聚合和分解，包括一項交易、一部電影、一項科技。

價值鏈

● **放映**：1920 年代以前，購買一張 65 美分的電影票，可以讓人置身舒適的放映廳，享受數小時悠閒的電影時光。只是好景不常，1948 年，美國反托拉斯法禁止製片廠和發行商涉入電影放映事業（電影院）。原因在於，獨立電影院抗議製片廠和發行商採取差別待遇，以及壟斷所有的電影放映通路。只是這項為確保市場公平競爭的反托拉斯法，到頭來只是空歡喜一場。不久之後，發行和放映的分離開始產生負面效應。製片廠認為不必每週提供新片，因此電影產量大幅銳減，好片供不應求導致價格飆漲，超出了小型電影院的負擔能力。此時電視開始讓電影消費人口轉移，電影院票房快速縮水。在美國，電影放映由少數幾家電影院所控制，包括 Regal 集團（包括 UA、Ediwards、Hoyts 和 Regal）、AMC 集團（包括 American MultiCinema、Loews Cineplex 加上 Sony、Plitt、Walter Reade 和 RKO）、Carmike Cinemas 集團、Redstone

集團（National Amusements）、Cinemark USA 集團，以及 Marcus 旅館娛樂集團。這些集團掌握了二萬家現代化豪華影城，地點大多座落於都會商圈或是郊區緊鄰的大型百貨黃金地段。另外，約有一萬五千家小型電影院，相對設備老舊並且地段較差。因此，美國連鎖影城幾乎掌握了七成放映市場，門票收入更是超過八成。這種郊區現代化多廳連鎖影城，快速取代了傳統老式汽車電影院和市內電影院，為向來無法有效率經營的電影產業帶來經濟規模。連鎖影城的興起，使得放映權逐漸落入少數財團手中。

● **製作和發行**：儘管投入電影製作和發行的組織愈來愈多元化。不過，長期擁有製作和發行能力、電影資料庫和完整製片設備者，在美國俗稱「主流製片廠」（majors），仍然掌握全球電影產製的主導權。2000 年初期，美國製片廠經過整併之後，形成六分天下，包括迪士尼（包括博偉/迪士尼百科、好萊塢和皮克斯動畫）、新力（由新力和哥倫比亞發行/三星及米高梅/聯美所有）、派拉蒙（Viacom 和夢工廠）、二十世紀福斯（新聞集團）、華納兄弟（時代華納）及環球（MCA 前身和現在是 GE/NBC 環球公司一部分）。這些主流製片商不僅負責製作、融資和發行，也為承接公司專案的獨立製作公司出資發行電影。

相較之下，製片和發行規模較小者稱為「迷你主流製片廠」（minimajors），包括新院線（New Line Cinema，隸屬時代華納）、獅門（Lions Gate）及溫斯坦（Weinstein Company，獵戶座前身並由米高梅買下，它和 Miramax 及夢工廠一樣，都以創辦人命名）。另外，還包括許多在特定市場具有獨特發行能力的小型製作公司，由於無法取

得足夠資金，這些小型獨立製作公司會避免與主流製片廠競逐大型院線市場。儘管如此，由於聚焦於特定電影市場路線，偶爾也會有突出的票房表現。

少數小型獨立製作公司會為主流製片廠拍片，或是為旗下的小型發行公司代工製作。許多新的獨立製作公司則向主流製片廠融資拍片，或是租借攝影棚或是簽訂發行協議。它們對於電影產業的影響力不容小覷，對於電影資料庫也有一定的貢獻。另外，許多執行專案的獨立製作公司並不直接進行拍片，而是出售現有的題材或是進行新題材的發想。因此，小型獨立製作公司偶爾會被稱是「市場微調者」（states-righters），它們偶爾會投入主流製片廠或是次主流製片廠（submajors）無法兼顧的當地或是特定市場。在美國，包括獅門、IFC和影屋（包括Picturehouse和HBO/Newmarket），都是美國較新的獨立製作公司，它們在海外也都擁有規模不一的發行管道。

無論如何，許多人或許對於電影產業複雜的製作和組織感到驚訝，或說這一切都是基於確保電影產業的品質。事實上，長期以來，這些獨立製作公司就是電影產業結構的重要一環，並且對於電影產業有著舉足輕重的影響。

主要和次級市場

過去以來，電影院一直是電影產業的主要收入來源。然而，1980年代中期開始，電影附屬市場包括網絡、有線電視及家庭錄影帶的授權金，逐漸超過電影院的票房收入。一般而言，電影院票房可以分為少數「熱門電影」和多數「看板電影」（also-ran movie），前者通常

創造了八成的票房營收。市場上對於熱門電影的需求始終強烈，通常在上映三週之內，這些熱門電影都能交出亮眼的票房。這種二分法也導致看板電影很快地轉入了次級市場。毫無疑問，次級市場如家庭錄影帶已經成為看電影的另一種選擇。易言之，某個市場的收入可能是另一個市場的損失。附屬市場的現金流量存在著強烈的替代性。例如，若是電影先在有線電視系統放映，可能會導致無線廣播電視網收視下滑，放映版權收入也會跟著下滑。

儘管附屬市場對於電影產業獲利非常有益，然而，這項收入來源始終無法填補快速成長的電影製作和發行成本。不過，許多獨立製片商可以因此透過版權預售（presales of rights）取得資金。透過版權預售不論是以基金或是保證及信託方式，都能讓更多拍片計畫付諸實現。不過，這種版權預售方式通常無法取得足夠的資金來支應全部製作和發行成本。另外，下游發行商通常以分期付款交付版權預售費用，過程中獨立製片商依然需要仰賴其他貸款，通常利息也會較高，有時甚至需要撐到電影上映。因此，製片商愈來愈難以推出熱門電影，也更難負擔損失或是達到製作損益平衡。

製作

若要描述好萊塢主要交易的產品，與其說是一系列的電影，不如說是一系列的合約（contract-driven）。雖然製片廠經常讓人聯想到大型神秘的怪獸，不過，它們更像是一家整合融資、製作、發行及行銷電影的智慧財產權票據交換所。

故事版權

電影劇本通常是根據既有文學作品、新創意或是真實故事改編。隨後劇本大綱會逐漸變成初稿，最後完成定稿。熟悉新近小說及暢銷作家的文學經紀人，通常會先幫客戶準備劇本大綱。一般而言，製片廠的編輯部門不會接受陌生的劇本，通常都是透過眼光獨具的文學經紀人推薦，他們對於作品擁有獨特的市場性判斷和敏感度，並且可以改變製片商的想法。唯有如此，文學作品才有可能交到獨立製作公司，或是製片廠附屬的製片人手裡。這段時間衍生出的相關支出，大概只有電話、交通、閱讀和寫作時間。

如果文學作品可以吸引製片商目光，接著就是簽署一項選擇權協議（option agreement），如同股市或是不動產市場一樣，雖然這項協議只占總體價值的一小部分，不過，它提供了未來買下全部資產的權利。選擇權期限固定，但有議價空間，如果作品很好，甚至可以立即轉售。對於文學經紀人而言，其間至少可以賺進十分之一的佣金。在眾多的文學作品中，當製片商決定選擇某一劇本，籌資活動於是展開，籌資行動主要依據文學財產協議（literary property agreement, LPA），協議中描述作者及版權所有者轉讓版權給製片商，協議的複雜程度完全取決於製片商可能採取的融資類型。

如果製片商和主流製片廠合作，製片商基於文學財產協議，通常會堅持掌握後續開拍續集，以及電視及其他衍生附屬市場的權利。無論如何，由於製片廠的發行合約可以作為融資擔保。因此，這種合作模式對於製片商非常有利。在更好的情況下，許多製片商甚至還會自行出資。不過，一般來說，獨立製作公司經常透過其他管道籌資。易

言之，獨立製作公司其實並非真的獨立，為了順利取得製片資金，許多創新的融資策略逐漸出現。

儘管如此，融資決策經常極度主觀並且容易遭到誤判。例如，好的電影計畫案經常被拒絕，爛的計畫案即俗稱的綠燈計畫案，卻能順利吸金。例如，賣座電影《星際大戰》和《法櫃奇兵》（*Raiders of the Lost Ark*）在二十世紀福斯及派拉蒙同意融資及發行之前，曾經在許多製片廠之間流浪。《大白鯊》（*Jaws*）則是在拍攝期間超支，差點遭到腰斬的命運。《小鬼當家》（*Home Alone*）則是在準備推出續集時，票房出現逆轉。《回到未來》（*Back to the Future*）劇本則是被許多製片廠無情退件。無論如何，為了順利取得製片資金，企劃案必須詳列故事大綱、導演、製片商、拍片地點、卡司陣容和預算成本，透過有效地整合融資和人力資源，完成製作一部賣座的電影。

總的來說，電影產業最具創意的面向，不只是在銀幕上的作品表現，還包括在幕後拍片計畫所需的籌資與財務計畫。通常電影的融資暨參與者很多，例如，產業內部資源方面，包括獨立製片廠、獨立發行商、經紀公司、工作室（laboratories）、履約完工基金（completion fund），以及其他最終參與者包括廣播電視、有線電視系統和家用錄影帶發行商等；融資者方面，包括銀行、保險公司及發行商；投資者方面，包括各種公開和私募投資基金。

前製

根據好萊塢統計，過去以來，美國主流製片廠的負片成本（negative cost），意指電影製作的平均支出，包括製片廠的製作經常費用

（production overhead）和資本化利息，複合年成長率已經超過總體經濟通貨膨脹率。儘管大部分的電影製作流程都已經標準化，但是由於各種拍片專案及規模效率不一，電影產業的製作成本呈現快速成長。

特別是美國，對於電影產業的財務成本審核採取寬鬆政策。因此，任何人都能輕易透過電影來節稅而得到融資，結果導致許多知名導演浮報製片預算；票房明星或是知名導演，以小製作、大成本的方式拍片，畢竟觀眾只要見到他們掛名，就會自動進電影院觀賞。很快地，大家都學會了這套浮報製作預算的技巧。

1980年代初期，美國有線電視和家用錄影帶市場快速成長，吸引了更多熱錢投入電影產業。這些資金許多來自於垃圾債券[16]融資（junk-bond financing）、股票市場飆漲，以及日本泡沫經濟導致的財富膨脹和貸款浮濫。直到1990年代初期，美國政府開始嚴格地限制銀行融資，加上經濟衰退讓電影股市燒退，進而稍稍舒緩了資金成本壓力。無論如何，即使處於最佳的市場環境，電影製作必須核銷的單據數以千計，因此，總體製作預算相當不容易控制。表3.2顯示電影的負片成本組成要素。

線上成本（above-the-line costs）是電影創意衍生的成本，包括演員卡司和文學資產取得，其間需要簽訂數以百計的合約。

---

[16] 垃圾債券源自於美國，1970年代以前，垃圾債券主要是一些小型公司為籌資而發行，這種債券的信用受到懷疑，由於信用風險高，利率報酬也高。從1988年開始，由於發行公司無法償付高額利息情況屢有發生，垃圾債券陷入「高風險→高利率→高負擔→更高拖欠→更高風險」的惡性循環。不可諱言，垃圾債券在美國風行的十年間，對於美國經濟產生過積極作用，也使日本等國資金大量湧入，但也留下許多嚴重後果，包括儲蓄信貸破產、槓桿收購的惡性發展、債券市場混亂及金融犯罪等。

線下成本（below-the-line costs）是電影製作衍生的成本，包括所有專業製作人員、交通運輸、場景道具等。每部電影都要量身訂製或是專門採購，拍攝場地必須事先勘察、租借和安排，若是其中一項出錯，例如，天氣惡劣、主角生病或是受傷，製作成本就會大幅上揚。事實上，這種情況經常發生，因此，一部電影有無完工履約保證保險[17]（completion bond insurance）非常重要。完工履約保證人（completion guarantor）可以完全控制電影的拍攝進度，以及決定是否融資給製片商或是選擇放棄、或是將資金歸還給融資者。另外，其他線下成本也經常發生於後製階段。

表3.2　負片成本組成要素

後製	剪輯 配樂 片頭片尾 成音 特效 原聲帶
拍攝	線上成本：製片 　　　　　導演 　　　　　編劇 　　　　　演員 線下成本：場景 　　　　　道具 　　　　　戲服 　　　　　工作人員
前製	劇本發展 場景設計 演員卡司 製作團隊 服裝設計 勘場 預算
故事版權	概念 小說 劇本

---

17 完工履約保證保險是對一部影片所提供的保證，指該影片將依指定要求條件，按時間、按預算，不致偏離劇本要求被製作完成，若超出預算則由完工保證公司支付。若製片公司未按合約製作，則完工保證公司有權接管，完工履約保證是取得銀行貸款的重要條件。

第三章　電影產業

綜合言之，製作預算的線上成本愈少，線下成本就愈高。反之亦然。不過，有趣的是，製作預算愈高，發行商付出版權的意願也愈高，並且與卡司陣容和劇本無關。一般而言，電影的融資條件通常和製作預算規模呈正相關。

後製

近年來電影的最大變革就在後製，或說電腦正占領了電影特效。1977 年，《星際大戰》使用電腦驅動的攝影機，製造了多層次的太空戰艦畫面。1995 年，《玩具總動員》（*Toy Story*）成為第一部全部採用電腦動畫的賣座影片。到了 1999 年，《駭客任務》使用電腦控制的靜態相機，更創造了經典的慢動作打鬥畫面。回顧過去，電影剪輯必須逐格檢視好幾公里的負片，並且透過手動方式剪輯製作母帶，目前則是全部透過電腦來處理，只要輕輕點擊滑鼠移動和剪輯即可。不僅過程更具效率，這種非線性的剪輯流程，更能發揮意想不到的創新。其他包括最新數位攝影機的誕生，傳統負片攝影機逐漸被淘汰。總的來說，目前電影製作的過程都已廣泛應用電腦，事實上，桌面製片已經成為現實，電腦數位已經大幅地降低電影製作成本，若再加上網絡成為後續發行平台，電影的產銷過程已經出現重大變化。

行銷

發行商和放映商

- **發行順序**：完成電影主要製作階段之後，後續仍有許多細節需要監控管理，包括，配樂、剪輯、混音和拷貝等。不過，當電影進入

後製階段，最重要的工作就是發行和行銷。

對於發行商而言，連續發行是收入極大化的行銷策略，連續發行策略取決於次佳原則（second-best），也就是在差別訂價的市場區隔策略下，在特定的時間內，電影被發行到可以創造最大邊際收入的市場，隨後再依照邊際收入遞減的順序發行，一直到單位時間內收入最低的市場。根據過去經驗，發行順序分別為電影院、授權有線電視發行商、家用錄影帶、廣播電視與地方電視台。

由於電影投資金額龐大與快速回收的壓力，目前大多採取所有通路同步發行的策略。對於發行商而言，連續發行是透過差別訂價銷售相同的產品，提供給不同的市場或是銀幕消費者。因此，當新通路科技興起，舊通路逐漸衰退，發行順序也會產生重大變化。例如，網絡能讓電影同步上映（day-and-date），即時同步傳輸到全球各地。這種網絡隨身視窗（windowing）不失為電影新的促銷手法，可以讓具有公共財特質的電影產品，搖身一變成為隨身電視節目。特別是為了降低電影盜版的影響，目前所有發行檔期都縮短了，並且採取全球同步發行策略。以2012年好萊塢賣座電影《復仇者聯盟》（*The Avengers*）為例，為了避免盜版而在美國以外的市場先行上市，至於DVD、有線電視、線上直播和其他發行通路排程也都同步提前。

不過，對於放映商而言，如果喪失了主要電影的首映權。最後，只能靠著剩餘的放映檔次掙扎求生。減少電影院的發行通路，勢必會造成負面的影響。不過，若以目前的情況看來，電影院通路仍然擁有相當的觀眾人數及票房收入。

第三章　電影產業

- **放映合約**：發行商通常會針對目標觀眾設計促銷活動。最初通常會利用人口統計變數分析及預測，如何吸引目標消費群。隨後，依照銀幕數量及與連鎖放映業者的合作關係，決定最適的電影院，發展一套最佳行銷組合及階段性上映策略。例如，有時採取部分地區上映的逐步加溫策略，有時採取在全部電影院同步上映策略。不過，儘管行銷策略再好，也很難救活一部爛片；但是好的行銷策略絕對能讓普通的電影票房表現亮眼。

除了上述協商方式，發行商偶爾也會主動對於目標電影院送出投標邀請書（bid letter）。一般而言，有意願的電影院通常都會接受發行商提出的合約條件。事實上，各種放映合約類型差異不大，多數會由大型連鎖電影院協調相同位置的幾家電影院，處理類似的投標事宜。偶爾小型獨立連鎖或是個別電影院，也會透過專業代理商給予協助。所有合約中使用的關鍵字，包括銀幕（screens），代表觀眾座位數目；映約（playdates；或稱 engagements），代表簽約的電影院。雖然其間合約內容多少有些差異，不過放映策略主要包括：首先，包廳（four-wall）策略，代表發行商在這項合約中確保電影院每週固定的票房收入，並且負責所有經常性及當地廣告費用等，期能在最短的時間內吸引觀眾。其次，定額制（flat-fee）策略，代表放映商支付發行商固定費用購買特定時段放映權。最後，近來流行的總額預訂制，代表所有票房收入依協商百分比分配，但是不含電影院營業場所內的餐飲收入。

無論如何，發行商和放映商的合約大多採取票房收入毛額彈性制（sliding-scale），意即票房收入毛額必須扣除放映商相關成本，包括場地費用等。無論採取何種方式，發行商通常會確保放映商保有些許利潤空間。以主要電影上映為例，彈性制代表將前一、二週的 70% 票

房收入，扣除經常費用之後，全數匯給發行商，而放映商則保留30%或是更少。緊接著，每兩週拆帳一次，百分比依序調降為10%，成為60：40，然後是50：50。因此，放映愈久，電影院的票房收入也愈高。

發行商的票房收入毛利，就是依據上述合約。有時合約條款可能包括競標或是協調淨空（clearances），意即只提供特定電影院獨家放映檔期。類似的合約通常也會包含續約（holdover）條款，若是前一週票房收入超過預期，發行商會要求電影院延長放映時間，或是提高票房收入百分比。

如果電影票房表現不如預期，發行商依然有權要求最低百分比，意即未扣除場地費用的直接票房收入百分比（通常超過一半）。如果仍然不夠，可以直接扣抵放映商預付的保證金。當然，許多電影票房表現不佳，發行商也會採取溫和的結算方式，以降低放映商的負擔。

總的來說，對於放映商而言，電影院的最大收入來源，大約三分之一左右，不是來自於票房收入，而是爆米花和飲料等銷售。電影院對於這些食品銷售擁有完全的自主權，電影院若不是自行經營攤位，就是將攤位租給外面的特許商家。

- **上映策略**：為了降低龐大的製作和行銷費用壓力，發行商通常會儘速安排電影上映以回收資金。因此，透過行銷吸引觀眾與電影版面話題非常重要。一般而言，電影行銷考量二項變數：市場性（marketability），透過廣告促銷以最簡單的方式行銷電影；放映性（playability），提高觀眾看完電影之後的正面評價。

發行商通常會採取下列行銷策略，例如，進行全國性廣告行銷；選擇特定的媒體播放廣告；透過口耳相傳進行口碑行銷；參加國內外

重要的競賽獎項；選擇在年底最後一週，在特定的電影院宣傳，並於隔年才正式在各地上映。另外，為了打擊盜版問題，全球同步上映也是發行商採取的重要策略。

美國立法嚴格執行反盲目投標法（anti-blind-bidding law），意指嚴禁放映商在未見過電影之前被要求標下放映權。這項法令在保護放映商免受發行商強迫投標。雖然目前發行商大多採取電影試映方式，不過，有時放映商反而會主動標下強檔影片在黃金檔期放映。

理論上，所有的電影都能在各地上映。然而，大都會電影院往往只會放映特定發行商的電影。這些電影院可以稱為衛星電影院（tracks）或是院線（circuits），它們都和發行商建立長期合作關係，合約經常是協商方式而非競標方式。至於其他合約關係，還包括產品分割（product splitting）或是夾片制交易。產品分割是指在相同區位的幾家電影院，彼此協商以消極方式競標中型發行商的特定電影，隨後再各自輪流上映，藉此以較低的費用取得強檔新片。相反地，夾片制則是發行商的放映合約附帶了其他較不熱門的電影。

面對上述競合關係，發行商和放映商不容易發展出緊密的關係。另外，有線電視和多媒體網路等同步發行模式愈趨普遍，導致兩者的敵對關係也愈趨緊張。誠如美國派拉蒙判例產生的經驗，「沒有任何的合約，可以取得發行商所有或是部分電影的所有上映檔期。同樣地，也不可能透過授權放映商一系列的電影，來取得製片資金。無論是發行商、製片商或是電影院，誰都無力透過多部電影組合的授權合約，來管理風險和不確定性。」

次級市場和授權

1980年代之前，不論製片商規模大小都非常聚焦於電影院行銷。1986年之後，發行商發現家用錄影帶收入比電影院票房還高，從此，家用錄影帶便徹底改變了電影產業結構和行銷策略。對於主流製片廠而言，家用錄影帶市場的主要行銷決策在於訂價。電影若非高價售給影片出租市場，要不就以低價透過最終銷售通路賣給一般消費者。另外也包括直接發行（direct-to-video）策略，跳過電影院上映直接進入家用錄影帶市場，如此可以省去龐大的電影院發行費用並提高獲利。

除了家用市場之外，電影授權商機逐漸成長，例如，《星際大戰》、《侏儸紀公園》（*Jurassic Park*）、《蝙蝠俠》（*Batman*）和《蜘蛛人》等暢銷電影，授權產品範圍遍及音樂專輯、動漫、速食和公仔玩具等。統計顯示這項授權能為製片商帶來約一成的授權收入，若以授權商品的批發價為基礎，例如，迪士尼動畫卡通，包括《美女與野獸》（*Beauty and the Beast*）、《阿拉丁》（*Aladdin*）、《獅子王》及環球公司的《侏儸紀公園》等，產品授權收入都超過五千萬美元。

總的來說，製片廠在電影行銷階段，相較於在製片和融資階段，更能控制行銷成本。相反地，發行商則是沒有太多的選擇，只有投入大量的經費積極為電影行銷宣傳。事實上，發行商必須透過廣告及促銷吸引觀眾，在電影宣傳的專業用語上稱為drive，代表希望能在電影院發行階段一炮而紅。

因此，在這種毫無節制的情況下，電影行銷支出經常快速成長，有時甚至高過總體通貨膨脹率。事實上，製片廠經常以製作預算外加

五成的廣告公關模式,用在尖峰檔期、例行性季節的整合上映行銷。實務上,行銷策略對於電影製作和發行非常重要,它會直接影響觀眾的認知和附屬市場的績效表現。誠如相關研究顯示,「電影首映的績效顯著地影響後續收入創造。」它能讓觀眾快速地從厭惡轉變成為喜愛。同樣地,如果觀眾對於無聊透頂的電影情節口耳相傳,那麼投入再多的行銷經費也都無濟於事。

經濟觀點

「一個人溺斃於平均 15 公分的水深!」突顯出單靠平均值進行資料分析的困境。對於電影產業而言,雖然後續可能衍生許多媒體轉換或是附屬市場收入,不過,大部分的電影無法獲得實質報酬。這是一個少數贏家多數輸家的產業。外部投資者(outside investors)經常在這個產業裡扮演最先投入最後回收的角色,其間存在著極大的風險。

由於電影產業極大比率屬於外部資金,因此,經常出現成本快速成長與失控的局面。如同管理學上的帕金森定律,至少在速度上快過預期收入成長。根據好萊塢經驗,由於電影院票房收入直接攤銷製作成本的比率逐漸下滑,加上後續衍生市場收入的不確定性,導致電影的總體收入極不穩定和呈現下滑。多數主流製片廠發行電影的平均負片和行銷成本及票房收入總額,經常都沒有達到損益平衡點,並且與平均值產生極大的差距。

事實上,平均(average)電影並不存在,電影產業的平均收入

和利潤主要仰賴幾部賣座的電影。圖 3.1 顯示柏拉圖定律[18]（Pareto law）的產業型態，適用於一般電影，無論電影的類型、規模或是有無巨星。由於每部電影都是獨一無二，並且同樣面對多變的觀眾及市場環境，因此，很難具體地預期每一部電影的收入表現。另外，電影不像其他產業一樣，雖然電影票價缺乏彈性，不過，藉由調整放映銀幕數量及檔期長短，電影供給可以彈性地因應市場的需求變化。事實上，即使是總體營運表現獲利的製片廠，面對表現平平的電影票房時同樣也會虧損。因此，任何的行銷衝擊及製作成本風險，經常被以節稅的方式或是轉嫁給外部投資者及製片商身上。

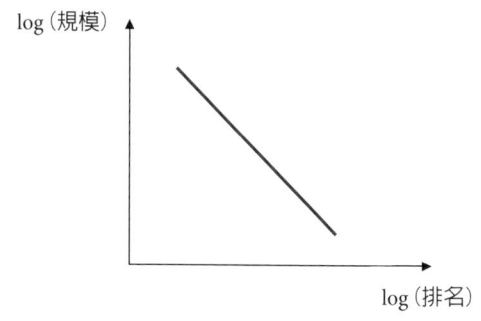

圖 3.1　電影的柏拉圖定律

多數人都了解電影產業的財務、製作及行銷運作高度複雜，經常面對不確定性及競爭混亂的局面。許多砸下重金大卡司的電影，最後全部慘賠。相反地，許多小成本小卡司的電影，票房卻是讓人跌破眼

---

[18] 柏拉圖定律也稱為 80：20 法則，觀察眾多現象之後可以發現，80% 的結果取決於 20% 的原因。投入和產出、努力和報酬、原因和結果之間存在著無法解釋的不均衡。一般而言，多數只能造成少許的影響；少數反而造成主要且重大的影響。

鏡！所有的創意產業，包括電影、藝術、音樂、出版或是表演藝術，都具有龐大沉沒成本及各式選擇權合約（option contracts）的特質，藉此以有效地整合各種財務、製作及發行組織。然而，它們也同樣面對觀眾需求高度主觀與不確定性。這些因素都導致票房收入經常呈現非常態分配。實證結果顯示，5% 的電影創造了總體利潤的 80%，放映銀幕數量愈多的業者更容易虧損。表 3.3 是全球電影票房前十名。

表 3.3　全球電影票房前十名

電影	製片商（上映日期）	票房（億美元）
阿凡達	福斯（2009）	27.8
鐵達尼號	派拉蒙（1997）	18.3
哈利波特：死神的聖物	華納兄弟（2011）	13.2
魔戒三部曲：王者再臨	New Line（2003）	11.2
變形金剛 3	派拉蒙（2011）	11.1
神鬼奇航 2：加勒比海盜	Buena Vista（2006）	10.6
玩具總動員 3	迪士尼／皮克斯（2010）	10.6
神鬼奇航 3：世界的盡頭	Buena Vista（2011）	10.4
魔境夢遊	迪士尼（2010）	10.2
黑暗騎士	華納兄弟（2008）	10.0

面對這種冪次法則[19]的分配模式，細分電影類型或是預算類型

---

[19] 指事物的規模及其頻率成反比，規模愈大，頻率愈少。質言之，事物的規模及其排名存在著冪次方反比關係。$R(x) = ax^b$。其中，x 為規模（例如：人口或是營收），$R(x)$ 為其排名（第 1 名規模最大），a 為係數，b 為冪次。兩邊取對數（log），公式成為 $\log(R(x)) = \log(a) - b\log(x)$。若以 $\log(R(x))$ 為 X 軸，$\log(x)$ 為 Y 軸，直線斜率為負，斜率絕對值愈小，規模差異愈小。

都顯得沒有太大意義。因為無論如何細分，都會出現相同的不規則機率分配。根據一項研究指出，電影就像是一個複雜的系統，具有資訊非線性回饋和首映高度敏感性等特質。易言之，電影的下週票房表現只能看它的上週票房表現。總的來說，「電影產業沒有標準模式，平均值不具有任何意義，電影完全屬於一種非高斯分配，意即不屬於常態分配，它是一種超乎尋常的產業。」無論如何，相關經驗顯示，電影能否延長放映的時間風險，取決於電影在一開始上映時的票房表現。總的來說，透過包括冪次法則、不規則性及風險比率可以用來分析電影。

財會議題

電影製作、發行及其附屬市場收入的財會結構非常複雜，原因多半來自於不同的觀點和詮釋，而不是刻意的欺騙設計。對於主流電影製片廠而言，其優勢在於可以完全掌握從最初融資、發行到電影院上映的所有階段。而對於電影的所有參與者而言，它則提供了一個非常有趣又有利的投資場域。

製作、融資及發行協議

不同的電影參與者對於財會報表的看法未必相同。對於製片商而言，製作、融資及發行協議（production-financing-distribution agreement, PFD）可能同時包含下面一個或是多個會計原理：

- **逐步交易（step deals）**：提供融資者決定是否預付資金或是停止繼

續參與，取決於先前各種假設條件是否仍然符合，例如，是否認可電影劇本或是演員卡司。

- 套裝／負片提交（package／negative pickups）：製片商或是代理商取得製片廠的履約完工保證債券（completion guarantee bond），貸款銀行將會同意貸款給類似的製片商，意即當電影完成之後，製片廠會提交這項負片。

- 預售（presales）：製片商在電影製作完成之前，透過銷售全部或是部分的放映或是發行權取得融資。類似的預售策略包括授權發行家用 DVD，藉由海外發行公司提供的商業本票，製片商交由銀行貼現取得資金。無論如何，負片成本通常很少超過 60% 是透過這種方式取得融資。

- 私募基金 [20]（private fundings）：製片商的電影預算通常屬於低成本，因此，經常透過私募基金取得有限合夥協議。

對於製片商而言，各種融資方式都有獨特的創意控管和利潤分享。例如，逐步交易模式，製片商基於效率可能放棄創意控管及利潤分享。另一種極端模式是私募基金融資，則在創意發想上不受任何限制，但是在實際製作時間和資金協助上受到嚴格限制。無論如何，製作、融資和發行模式詳列了電影一般製作流程，包括電影劇本、導演、製片、主要卡司和預算。然後進一步說明，誰負責完成電影製作、誰在何時取得款項，以及融資者在何種狀況下決定未來方向，例如，放棄計畫

---

20 是指私下或是直接向特定群體募集的資金，相對於向社會大眾公開募集的公募基金（public fundings）。私募基金通常是指由有錢的個人或機構投資人及具產業經驗的專業經理人共同集資，提供中長期資金予未上市或新創公司。

或是另起爐灶。另外，製作、融資及發行模式的融資流程，也詳述了融資安排及履約完工保證和成本。

發行協議則是收入分配最後也是最重要的一環，包括定義發行費用、放映日期、應收租金與發行通路協商等，其他還包括詳述稽核和所有權、會計報表準備（頻率、細節和時間）及廣告和行銷承諾。總的來說，可以將電影的融資、製作和發行分為下列幾種模式，詳如表3.4：

表3.4 電影融資類型

	獨立製作發行	製作／融資／發行協議	負片提交協議	收購協議	租借發行協議
製作資金來源	製片廠發行商	製片廠發行商	放款人	第三者	第三者
拷貝及廣告資金來源	發行商	發行商	發行商	發行商	非發行商
協議時間	製作之前	製作之前	電影完成之前	電影完成之後	電影完成之後

- **獨立製作發行**（in-house production／distribution）：製片廠或是發行商自行籌資製作和發行計畫。對此，附屬於計畫的獨立製片商可以被視為是製片廠的員工，製片廠通常會支付附屬製片商拍攝期間所有的經常費用。
- **製作／融資／發行協議**（production-financing-distribution agreement）：獨立製片商會將完整的套裝計畫提交給製片廠或是發行商，製片廠則是提供製作及發行融資。

- **負片提交協議**（negative pickup agreement）：發行商承諾在電影計畫完成之後，負責所有的發行及製作成本，意即購買原始負片及發行權利。
- **收購協議**（acquisition deals）：發行商負擔發行費用，但是製作成本則由其他組織負責。
- **租借發行協議**（rent-a-distributor deals）：實質上，所有製作和發行融資由其他人負擔，等到電影全部完成之後提交發行。由於收入較低及優勢有限，製片廠通常不會優先採取類似的租借模式行銷電影。

從電影院放映的一般收入概況，放映商希望降低電影租金（film rental）支出。相反地，發行商則是希望提高電影租金收入。另外，電影參與者的利潤毛額來自於發行商的租金收入，而非票房收入。一般而言，票房收入毛額可能遠大於發行商租金收入毛額。另外，實證研究指出，多數暢銷電影對於編劇和導演採取遞延支付模式，對於主要卡司採取利潤分紅模式，對於融資者和製片商則是採取或有報酬[21]模式（contingent compensation）。

收入認定

無論是演員、導演、編劇或是相關參與人員幾乎都需要經紀人、律師和會計師的協助，或說若要那些處處講究美學優雅的藝術家，與大型、強勢及精明的製片商及發行商協商，事實上並不是非常恰當。

---

[21] 給付報酬的多少取決於影片上映後的表現，一般直到影片收入達到約定的收支平衡點後才會支付。

面對結構鬆散的電影市場協商，擁有的議價能力或是影響力（clout）非常重要。一般而言，新進藝人的影響力很小，反之，大牌藝人則擁有極大影響力。套用好萊塢的行話：「你無法得到所謂的公平，你只能學會如何談判！」若能請到大牌卡司，製片商就能獲得極大的投資報償。對於製片商而言，雖然請到一位小牌藝人只要 10 萬美元，相較之下，請到一位大牌藝人則要 200 萬美元，不過，製片廠承擔的風險反而較小。雖然支付大牌藝人的費用很高，但是藉由電影院票房和其他附屬市場收入，可能可以創造出數倍的收入價值。相較之下，小牌藝人無法帶來任何的投資報酬率。綜合言之，影響力是要以對數尺度來衡量。

一般而言，合約只是針對合作大綱取得共識，例如，交易備忘錄（deal memo）、協議書、意向書或是投資條件（term sheet）。對於雙方而言，後續還會包括許多專業的細節。無論如何，最終合約通常十分複雜，如果簽約時不夠嚴謹明確，後續將會產生不同的見解及許多爭議。當然，若從娛樂的角度，處理這些爭議的最好方法就是：「竭盡所能地吸引大眾的目光！」

一般而言，會計原則只是提供一套用來觀察財務績效及比較有效的架構。不過，解釋上的歧異與刻意的操弄仍然無法避免。就像是從不同的角度觀察物體，雖然檢視的資料完全相同，不過，彼此卻可能產生完全不同的見解。事實上，由於大多數的合約內容非常複雜，滿足不同財務報表讀者的需求，仍然非常重要。例如，外部股東通常只需要了解公司的總體財務狀況，並不需要深入了解每位參與者的詳細合約。同樣地，相關參與者通常只關心自身利益的財會報表。

電影產業的收入認定主要來自於電影院放映，無論合約是百分比制或是定額比率制，發行商都是根據放映商的累計票房加以認定。因此，票房收入幾乎都是立即性的現金收入。相反地，附屬市場的收入認定則較為複雜。若依相關會計準則，大致可以採取下列四種方法：

- 合約法（contract method）：收入依照合約的執行程度加以認定。
- 到期法（billing method）：收入按照分期付款到期的方式加以認定。
- 遞交法（delivery method）：收入依照遞交給被授權者的時開始認定。
- 遞延或分配法（deferral or apportionment method）：收入依照總體授權期間加以認定。

分紅協議

　　從主流製片廠的角度，製片計畫如果擁有均衡的融資組合，則可以降低風險。例如，製片廠可能預估一年上映 24 部電影，其中 4 部採取獨立製片及全額融資，另 14 部採取製作、發行、融資協議與其他製作公司合作，其餘則是採取負片提交或是收購協議。無論採取何種融資方式，收入和利潤分配始終是一項重要的議題。一般而言，分紅協議取決於彼此溝通協商。不過，除了大牌卡司擁有明顯的利潤分紅之外大多數的情況，製片商經常為了取得主流製片廠的融資，經常在電影所有權及計畫控制權上讓步。

　　在幾項分紅協議中，最簡單的就是提交（pickup）模式，意指全部或是部分完成電影之後，提交給製片廠融資者或是發行商，進一步取得資金和支援。從發行商的角度，藝術創作是否符合最初目的很難

評估，提交模式風險相對較低。因此，獨立製片公司經常發現，提交模式是取得發行機會的最佳策略。對於發行商融資者而言，通常會與多個地區的多個組織，簽署共同製作發行合約，藉此共同承擔及降低風險。例如，在對分協議（split-right）中，發行商可能平分半數製作成本與發行費用。至於藝人、導演與編劇等方面，分紅則是一種附帶津貼，如果所屬的經紀人可以事先協調，他們也能成為利潤的分紅者。

無論如何，利潤分紅經常基於實際或預設損益平衡點。然而一旦分紅的參與者愈多，想要達到均衡的狀態就更困難。一般而言，潛在衝突經常不是發生在參與者與製片廠之間，而是發生在不同的參與者之間。由於利潤淨額本身並非一種靜態概念，因此，眾多參與者分紅將使財會報表顯得更為複雜。例如，最初通常是一份經紀人、製片廠律師及相關參與代表的簡單協議。最後，則是成為一份複雜的財會文件，其間潛藏著不同的歧異見解。

以藝人為例，藝人 A 分紅應該先扣除藝人 B 分紅？分紅究竟該以國內票房收入，還是國內外票房收入都要列入？達到預設的損益平衡點之前，是否應該先扣除發行成本？電視或大型廣告宣傳是否該先扣除？次發行商及家用錄影帶收入是否也要列入收入毛額？無論如何，就算許多合約條款可以明確定義，但是後續稽核也會相當費時費力。另外，由於合約也潛藏許多模糊與錯綜複雜的關係，許多潛在分配參與者會發現，許多電影的利潤淨額很難理解，並且受到各種會計定義和解釋所影響。

總的來說，收入並不完全代表電影創造的所有金錢，製作成本也並非只限於拍片所產生的費用。嚴格來說，製作成本是依照參與者合

約來決定，也因此損益平衡多了更多的藝術，意即一種實質或預期收入的多元協商。無論如何，利潤分紅協議意指依照每部電影，同樣地也是針對每位參與者所定義的一種合約條款及會計。質言之，爭辯電影的票房或收入毛額（gross receipts）或是利潤淨額（net profits）本身並沒有太大實質意義，因為上述字眼都是由參與者自行決定。

另外，若從製片商分紅和交叉擔保角度，如果某一部影片的票房表現與另一部影片有關，代表製片商承擔類似交叉擔保的責任，意指無論是製作及發行，其中一部電影的利潤必須超出另一部電影的損失。對於潛在分紅參與者而言，當獲利電影與不獲利電影出現交叉擔保，他們將無法分享獲利電影的任何利潤，除非不獲利電影已經回收成本。

無論如何，事實上，電影要回收全部的成本不可能只憑電影院票房收入，還必須仰賴其他的附屬市場收入，包括廣播電視、有線電視和 DVD 等衍生商品銷售。上述附屬市場收入和票房收入呈現正向回饋，意即電影上映票房表現愈差，後續衍生市場表現也愈差。反之亦然。因此許多電影公司發現，製作愈是困難，收入獲利愈比想像還少。儘管獲利機會極低，不過，許多人仍然認為電影製片在財務上極具吸引力，並且值得去冒險。

會計準則

依據美國會計師協會對於電影等產業的財會準則（statement of position, SOP），關於電影、電視、系列影集或類似產品銷售、授權或放映的製片商和發行商，必須遵守下列財會報表要求：

● 所有的行銷和廣告成本，在刊登第一時間認列為費用。電影拷貝成

本依照當年收益期間認列為費用。
- 相較於電影收入總額，製作成本的攤銷期間從首映開始不超過 10 年。
- 電視系列影集的最終收入預估，應該從遞交第一集開始，之後不超過 10 年。如果仍在製作期間，則以遞交最新的影集開始，之後不超過 5 年。至於最終收入預估，應該包括次級市場收入，不過只限於具有確切保證及可以被成功授權的影集。
- 電視系列影集的外製市場收入認定，如果特定的收入認定指標無法適用，採取合約期間更勝於第一次播出日期。上述指標包括完成日、遞交日、被授權者可以立即運用，以及應收固定或可以估計的費用可以被合理確認等。
- 最終收入應該包括批發和零售收入預估，例如，玩具、衣服及其他商品的實體銷售，不過，只限於該項實體收入可以指出源自於開發某項影片類型。
- 放棄計畫成本及相關間接經常費用，不再認列為負片成本，而是直接列進收入報表，意即包括在製片廠的總體經常費用。
- 電影被視為是長期資產而非庫存，意指其價值基於未來現金流量的折現價值或公平價值。

上述準則雖未必完美，但至少建立了電影產業會計應用的基礎概念。本質上，電影屬於無形資產，其價值都非常主觀。因此，所有的會計處理方法，必須兼顧科學和藝術的考量。

舞弊爭議

電影的財務會計爭議，呼應了人們對於它擅於欺騙的形象，加上

經常登上媒體版面，無形中更放大了問題的嚴重性。儘管電影從業人員多數符合社會倫理期待，但我們仍可透過了解某些不當行為是如何導致營收舞弊與產業欺騙，例如，放映商和發行商部分，為了達到公關和宣傳目的，它們有時會扭曲實際票房數字。例如，把一部小卡司的電影操弄成一部非看不可的暢銷賣座。

從現金流量的角度，放映商的營業場所營收可以作為談判籌碼。事實上，不同的發行商對於電影院的營收支出存在極大認知差異，營業場所營收的規模將會影響發行商的利潤收入。

電影票價明顯地影響參與者的收入分配。電影票價取決於當地競爭狀況、上映場次和放映商自行追求利潤極大化等因素。放映商為了吸引更多觀眾，經常利用低票價進行促銷。因此，可能犧牲其他參與者的收入分配。為了避免上述策略遭到濫用，發行商有時會在合約中詳列最低票價。

放映商和發行商還有另一種欺騙行為，例如，它們共同謊稱進行大型廣告宣傳，實際上則只是地方性的小型廣告。面對類似情況，製片商通常會分擔大型廣告費用，並留給放映商和發行商更大利潤空間。只是不道德的放映商偶爾還會取得假發票用在地方性廣告。其他的欺騙與不道德行為還包括：

- 跑片（bicycling）：以未經放映合約授權的單一拷貝，在業者所屬的其他電影院放映，藉此取得不法的額外收入。對於多廳電影院而言，原有電影的觀眾人數未達到基本規模，業者通常會在違反同步放映的合約情況之下，改播其他未經許可但是更受歡迎的電影。另外，也包括電影在未經合約授權之下，額外加場放映場次。

- 藏票（palming ticket）：留下未撕的電影票加以回收或轉售，由於並不影響電影票的銷售序號，因此，總體票房收入不會提高。或是抽換已經銷售幾百張的電影票券。由於票券遭到替換，後續票券銷售序號就無法正確顯示。
- 產品分割（product splitting）：降低電影投標的競爭性，同樣也會降低發行商收到的票房收入。

製片和發行關係部分，電影參與者的收入經常受到製片廠經常費用的影響，包括製片廠自行的公關宣傳及行銷費用，以及其他如配音、剪接、稽核發行商收入、版權、篩選、淨空審查、電影預告準備、保險、關稅、電影工會規費、拷貝檢查和放棄計畫等成本。如果沒有細心留意相關合約，上述費用有時會成為未來爭議焦點。

另外，包括電視授權費用分配、交叉擔保交易及製片廠海外租稅等，上述項目的會計處理容易產生各種爭議。同樣地，海外收入匯款也是一項難以處理的會計問題，例如，在匯率可能利於發行商的情況下，海外收款將會顯得異常緩慢。為了避免上述問題產生，製片商也可能嘗試安排獨立的海外發行系統，並與有經驗的海外發行公司簽約。

第四章

廣播電視產業

廣告是無線廣播電視的生存要素,因此,節目經常被視為是用來干擾廣告的。近年來包括有線電視系統和衛星電視的成長,特別是各種娛樂媒體的興起,導致無線廣播電視的觀眾大量流失。科技讓人可以隨時剪線,隨時切換到網絡或是手機上收看喜歡的節目,讓人輕易地選擇觀賞方式跳過廣告,包括傳統收視調查和廣告時段的定義都受到重大衝擊。

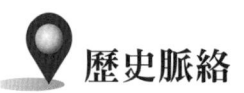

歷史脈絡

　　二十世紀初期,無線廣播電視產業開始發展。以營利為導向的廣播電視產業,旨在銷售廣告時段提供企業行銷宣傳。例如,啤酒公司會購買運動節目時段廣告,玩具或是麥片公司則是偏好兒童節目時段廣告。過去以來,市場上逐漸發展出四大廣播電視媒體:調幅(amplitude-modulation, AM)廣播、調頻(frequency-modulation, FM)廣播、特高頻(very high frequency, VHF)電視及超高頻(ultra-high frequency, UHF)電視。

　　十九世紀初期,調幅廣播是市場主流媒體,1920 年,它掌握了最多的聽眾。在此同時,特高頻電視試映挑起了人們對於「有影

像的廣播」的興趣。1930 年代初期，美國國家廣播公司（National Broadcasting Company, NBC）開始在帝國大廈發送實驗性的廣播電視訊息。然而，直到 1939 年世界博覽會舉辦，美國國家廣播公司才開始定期播放節目，當時只有少數的用戶收看。儘管許多人對於這項新媒體深感興趣，不過，1950 年代初期，包括第二次世界大戰和韓戰，以及首次安裝接收器的費用高昂等因素，嚴重地阻礙了這項產業的發展。

直到 1960 年代後期至 1970 年代初期，具有優質立體聲訊號的調頻廣播和超高頻電視，逐漸掌握了市場經濟優勢。調頻廣播成功透過流行音樂吸引龐大的年輕族群。至於超高頻電視興起則要歸功於第三大電視聯播網——美國廣播公司（American Broadcasting Company, ABC）的出現，以及超強的訊號傳輸、美國國會委託製造超高頻電視接收器等因素影響，大幅地提升了超高頻電視的用戶數量。

以調幅廣播為例，訊號是透過夜間大氣層內的電離層發射，在數百英里甚至數千英里之內，具有相同頻率的電台都會受到干擾。為了避免類似的干擾，美國聯邦通訊委員會（Federal Communications Commission, FCC）禁止小型電台在日落之後發射訊號。此舉大幅降低了聽眾的數量和影響電台的收入。然而，擁有無干擾頻道（clear-channel）的電台則不受限制。

相反地，調頻廣播由於訊號接收無法超過 60 英里。因此，被視為是地方傳播媒體。不過，1990 年代後期開始，隨著網絡廣播這種新媒體出現，人們可以透過網絡收聽節目，地方訊息也可以藉此傳到全球各地。雖然其他媒體或是設備，例如，iPod 或是網絡電台紛紛出現，透過數位訊號傳輸的類比廣播及付費衛星廣播，仍然突破種種限制持

續發展。至於特高頻電視和調頻廣播的訊號傳輸方式相同，但是前者透過傳輸中繼站，可以將訊號傳輸到 100 英里以外的區域。相較於特高頻電視，超高頻電視的傳輸範圍較小，每次需要耗費超過 100 萬瓦特的電力。因此，超高頻電視的商業性發展較為緩慢。

基本營運

廣播電視的成功方程式一半靠收視率，另外一半則是靠低製作成本。由於廣播電視的營業成本相對固定，因此，收入成長經常成為獲利的主要變數。至少從短期的角度出發，儘管從訊號發射到播放的成本變動不大，不過，若是市場對於廣告時段的需求增加，廣告的價格也會隨之上揚。相反地，若是對於廣告時段的需求減少，也將會立即且直接地影響到獲利。無論如何，營業成本的增加可能受到忽略，一般行政管理及節目編製費用，對於長期獲利可能產生深遠影響。

廣播電視產業的成長與總體經濟成長緊密相關。首先，企業決定投入多少廣告預算在報紙、雜誌及廣播電視取決於企業獲利。面對經濟不景氣，廣告預算往往是首先被縮減的項目。但是對於許多軟性消費品如化妝品和漢堡等，由於市場占有率及消費者認知等因素考量，除非企業遭遇極為惡劣的環境，否則幾乎不可能縮減廣告預算。

由於廣播電視可以吸引廣大的閱聽觀眾，因此，節目的收視率調查受到高度重視。收視率（ratings），指擁有電視或是收音機的家戶，收看特定頻道或是節目的比率。例如，特定區域內有 10 萬家戶擁有收音機，而有 1 萬 2 千家戶收聽某一電台，則此電台的收視率（收聽率）

為 12。至於收視占有率，指打開電視或是收音機的家戶中，收看特定頻道或是節目所占的比率。例如，特定區域內有 10 萬家戶擁有電視，其中 6 萬台開機，2 萬家戶收看第 2 頻道，則此頻道的收視占有率為 33.3。易言之，透過廣播電視台在特定時間的綜合收視率，可以衡量家戶開機率（home using television or persons using radio, HUT／PUR），公式如下：

$$收視占有率 = 100 \times (收視率 / 開機率)$$

長久以來，收視率和占有率調查主要由尼爾森（A. C. Nielson）和阿比創（Arbitron）兩大市場調查公司提供。後者主要透過訊號的主要影響力區域（area of dominance influence, ADI）加以衡量。前者則是採用特定市場區域（designated market area, DMA）進行調查，不過兩者的意義相同。

對於廣告主而言，廣告的目的在於挑起觀眾的消費慾望。因此，廣告代理商經常利用人口、收入及種族等區隔資訊，搜尋各種最佳的節目以吸引目標觀眾。例如，刮鬍刀廣告通常出現在運動賽事或是動作片時段，藉此吸引男性消費者；清潔用品廣告則較常出現在肥皂劇時段，藉此吸引家庭主婦。

廣播電視業者通常以總收視率（gross rating point, GRP）、觸及率（reach）及曝頻率（frequency）來銷售廣告時段。收視率是廣告曝露在潛在觀眾或是家戶的預估比率。總收視率是各項收視數字的總和。觸及率則是廣告在預設特定期間內，曝露於目標觀眾或是家戶至少一

次的比率，代表累積觀眾人數（cume）的簡稱。曝頻率則是廣告在特定期間內重複播放的次數。因此，總收視率＝觸及率 × 曝頻率。

廣告主通常以每千人成本（cost per mille, CPM）來衡量廣告費用和效益，其他也包括收視率成本（cost per rating point, CPP），意即以廣告時段成本除以總收視率，作為比較媒體效率的重要工具。至於廣播電台廣告的衡量則是採用功率比（power ratio），意即以廣播電視台在特定市場的收入百分比除以聽眾百分比。若是數字超過 1，表示廣播電視台在特定市場的收入占有率比聽眾占有率還高。

對於其他產業而言，價格通常由數量的多寡來決定。然而，對於廣播電視產業而言，由於廣告時段一旦消失，就會失去價值，因此，愈是接近播出時間，廣告時段的議價空間也愈大。廣告主、廣播電視台和節目製作人通常會進行以物易物（barter）的交易，意即廣播電視台會利用廣告時段來換取商品、服務，不過最常見的還是換取節目時段。

無論如何，收視率領先的熱門節目可以吸引廣大觀眾，廣告時段因此往往供不應求，廣告費率通常也會高於平均水準。廣告主通常對於高收視率和吸引特定族群觀眾的節目（例如女性觀眾）特別感到興趣，因為節目可以有效地接觸目標觀眾，提高廣告主有利的行銷機會。另外，許多廣告主也會預買時段（up-front buying），確保公司取得有效的廣告時段。但是如果播出之後收視不如預期，廣告主通常會要求適當的折扣或是提供補償。另外，在接近播出日期出售的剩餘零散廣告時段，通常也較無法提供廣告主理想的曝頻率和觸及率，也就是最低的收視保證。

由於收視率表現顯著地影響廣播電視公司的獲利，因此，了解特

定目標觀眾族群的節目偏好和觀眾行為非常重要。其中，兩項重要的電視觀眾行為理論分別是：雙重收視定律（duplication of viewing law）和雙重危機效應（double jeopardy effect）。簡言之，雙重收視定律是「同時收看 A 節目的 B 節目觀眾百分比，不會隨著 A 節目的收視率變化，而有太大的改變。」雙重危機效應是「如果必須在節目類似但受歡迎程度不同的節目中選擇，較不受歡迎的節目不僅選擇的觀眾人數較少，即便選擇的觀眾也較不喜歡該項節目。」易言之，相較於高收視率節目的觀眾，收視率低節目的觀眾忠誠度明顯較低。

然而，隨著科技、閱聽習慣和產業結構的快速變化，包括數位錄影機、網絡電視、電玩遊戲和新社群媒體等，讓許多年輕人從傳統僵固的廣播電視節目中逃離。無論是透過網絡或是智慧型手機閱聽節目，都嚴重威脅到既有無線廣播電視或是有線電視的節目佈局，讓人選擇切換到網絡或是手機上收看節目，意即所謂的「剪線」。閱聽者也會自己安排最喜歡的節目連播收看，而不是依照電視台或是廣告商所規劃的方式下來收看。為此目前各國也都紛紛地釋出頻寬（bandwidth）給智慧型手機，作為快速發展線上影音數據傳輸之用，若再加上擁有龐大資本的財團紛紛投入市場，包括無線廣播電視與有線電視系統無不感到驚恐。

儘管如此，上述新科技也進一步催化、改變甚至增加原來的廣告收益。例如，許多廣播電視和有線電視業者，都將電視首播後一週內的數位錄影機收視也列入收視率的計算。藉此可以向廣告主收取這群新閱聽者的廣告費用。未來如果即時線上觀看節目也能計入收視率，那將更進一步地提高收視率，但也必須避免閱聽觀眾刻意地略過廣告。

節目策略

假設看電視只是一種慣性，多數人並不是真的在收看節目，大多數人只是隨手拿起遙控器瀏覽。相關的研究顯示，節目的收視成功關鍵在於，只要不是同時段閱聽節目中最讓人反感的即可。因此，節目安排就希望將閱聽者從上一個節目，順利導引到下一個節目，藉此提高節目收視率。於是電視台安排同一類型的節目於帶狀節目（stripping program）中，藉此吸引相同的閱聽觀眾；也包括以一個高收視的節目帶領後一個新節目，藉此讓收視率較差的節目有機會接手前面高收視節目的閱聽觀眾。一般而言，為了提高新節目的存活率，可行的節目編排策略（schedule strategy）包括：

繼承策略（inheritance strategy），安排在一個高收視率節目之後。吊床策略（hammocking strategy），安排在兩個高收視率節目中間。若是無足夠的高收視率節目來支撐吊床策略，則將一個高收視率節目安排在兩個較差的節目中間，稱為搭棚策略（tent-poling strategy）。另外，在帶狀策略基礎上，可以在特定時段輪調節目，稱為棋盤策略（checkerboard strategy）。

另一方面，競爭者也會試圖干擾上述閱聽移轉策略，可行的作法包括：阻礙策略（stunting strategy），透過改變原來的節目時段和長度、邀請知名的來賓和明星、安排特別節目或是另類宣傳，藉此吸引觀眾離開或是中斷習慣的閱聽節目。直面策略（head-to-head strategy），是在同一個時段安排和競爭者相同類型的節目。另類策略（counter strategy），則是推出完全不同的節目類型，吸引不同的閱聽觀眾。無論如何，如同上一節提到，面對快速變化的新媒體環境，上述策略紛

紛開始失效，部分原因在於，包括長期以來收視率調查方式已經改變，無所不在的移動媒體裝置和閱聽習慣，也都讓原本的廣告時段、節目時段、收視區間等定義變得愈來愈模糊。

資產評價

　　總的來說，各國對於廣播電視組織和立法的差異極大，不過，同樣都對公營和民營電視台採取了嚴格的管制。其中，政府採取最直接的規範就是核發執照，以及規定單一組織可以擁有的廣播電視台數目，藉此避免經營權過度集中於少數集團。因此，評價廣播電視資產時，政府核發的執照絕對是重要的資產。由於電視台經常易手，因此，很快就能決定其市場價格。以廣播為例，可以從廣播執照或稱釘子價值（stick value）著手，除了當前獲利率之外，其他重要因素還包括：

- 利率
- 經濟快速發展區域優於衰退區域
- 法規鬆綁情況
- 頻道調節器所處區域，以廣播頻率為例，中心位置訊號較佳，也是最受青睞的地點
- 傳輸訊號強度和營運時間
- 鄰近區域，例如，山區或大樓會阻斷訊號
- 相較於地方電視台的節目風格和形式
- 廣播電視台發射器或位址的不動產價格
- 預估負債總額
- 有線電視及其他新進競爭者的短中期潛在影響

無論如何，利率因素非常重要。較高的實質利率（依照通貨膨脹率調整）不僅會透過總體經濟影響收入及降低獲利，融資成本提高也會降低潛在買主。另外，高房價也會使廣播電視台交易的不動產其他使用價值降低，特別是降低了未來預估現金流量淨值。除了利率因素之外，改變節目內容和風格能否提高獲利成長也很重要。就電視而言，重點在於地方新聞、體育節目、名人特寫或是接近黃金時段的節目調整。就廣播而言，包括新聞談話、熱門流行或是專輯搖滾等類型。另外，相較於調幅廣播，調頻廣播透過節目形式的改變，更能吸引年輕族群。在其他條件不變之下，出售具有相同特質的廣播電視台，應該具有相同的營業現金流量乘數，意即未扣利息支出、攤銷及稅負的收入（EBITDA）或是現金流量，它也更能正確地比較價格和價值差異。至於比較自由現金流量淨值（net free cash flows）也很可行，意即淨收入加上折舊、攤銷、遞延稅款及扣除資本支出。現金流量利潤通常也被納入，意即營業現金流量占收入的百分比。

　　其他包括透過融資取得公司資產（包括不動產或是現金流量）的融資購併（leverage buy-outs, LBO）。不過，類似融資交易未必會完全依照計畫進行。1980 年代中期，美國少數投機性資產的現金流量乘數，成長達到或是超過 14 倍。無論如何，1980 年代後期，法令愈來愈限制採取高財務槓桿交易，因此會嚴重地影響銀行信用貸款的取得，結果也會導致媒體資產的現金流量乘數大幅縮減。另外，當經濟出現衰退，擁有龐大負債的先前購入資產，就會導致企業無力償還或是無力支應營運和利息成本。

　　利用下列方法可以粗估廣播電視的資產價值。例如，假設現金流

量乘數為 8~12 倍，乘數高低取決於當前利率和近期的類似交易。將上述預設乘數和現金流量相乘，然後扣除淨負債（意即長期負債減去流動資產淨值），最終差額再除以市場流通股數，可以得到每股的預估價值：

> 價值＝（預設乘數 × 預期現金流量）－（長期負債－流動資產淨值）

上述方法強調透過當前現金流量乘數或是公開市場股票交易，可以衡量媒體資產的價值差異，當兩者的差異愈大，則購併的可能性也愈高。

第五章

有線電視產業

儘管有線電視已經逐漸取代了無線廣播電視，不過，它也正被新一波的科技匯流和媒體併購所影響。特別是電信產業向來都是它的競爭對手，數位傳輸科技更進一步催化了這場戰爭，兩者的界線愈來愈模糊，技術發展與商業策略也愈來愈接近。

歷史脈絡

1940年代後期，儘管無線廣播電視技術剛剛發展，但是第一個有線電視系統（community-antenna television, CATV）已在收訊困難的偏鄉設立。據傳這是電視業者為了銷售更多電視的創舉，只要在山區架設一組天線，電視訊號就能透過有線系統（電纜）傳輸給更多用戶。1960年代，無線廣播電視擁有龐大的市場優勢，當時有線電視系統仍然無法與之競爭。之後有線電視系統投入了15年時間（1948~1963），才讓收視用戶達到100萬戶。過程中，無線廣播電視則是不斷地抗拒和威脅有線電視系統，包括透過美國聯邦通訊委員會（Federal Communications Commission, FFC）立法限制遠距訊號傳輸、禁止付費有線電視系統（1970年）播放十年內的電影和體育節目，儘管在過去五年之內，無線廣播電視已經播放過上述節目。

以美國的發展經驗，有線電視系統和衛星電視產業發展可以分為三個階段。第一階段，有線電視系統最初用來服務偏鄉的訊號傳送，直到 1975 年，第一顆人造衛星提供了全國性的訊號傳播。第二階段，從 1975 年到 1996 年，法令鬆綁開放有線電視系統進入都會地區。第三階段，從 1996 年美國電信通訊法完成，有線電視系統朝向集團化和數位化方向發展。

儘管如此，1970 年代，有線電視產業始終受到利率上揚和資金短缺等因素的影響。直到 1975 年代，才逐步撤除有線電視遠距訊號和節目等限制，加上隨後成立的全國有線電視節目製作公司——超級電視（Superstations），此時有線電視如雨後春筍般的興起。後續包括出版界巨人時代雜誌投入成立 HBO（Home Box Office），它與無線電視最大差異在於收視戶必須按月付費才能收看節目。有線電視服務可以分為基本型（basic cable），意即透過網絡傳輸更清晰的訊號到家裡。優質計費型（premium pay cable）透過通訊衛星提供全國性播送服務，訊號可以分散至各地加盟系統，這種先進技術可以同時提供收視戶多個電影節目和運動頻道，也就是所謂的有線電視系統商（multiple system operators, MSOs）。總的來說，雖然產業發展初期並未引起太大關注，加上 HBO 龐大的新創成本和經營虧損，不過，它也催生了全國性新電視網絡的誕生，嚴重地影響了電影產業的發行和價格。五年之後，電影公司才逐漸理解到環境的變化。在此同時，四家主要電影製片商和發行商合資成立了 Premiere 付費頻道。其間各種有線電視頻道不斷增加，1970 年代後期，部分大型全國性電影娛樂頻道甚至可以和 HBO 分庭抗禮，特別是由 Teleprompter 和 Vicam 合資經營的 Showtime，其

他還包括超過 50 種可以滿足不同觀眾群的頻道也陸續推出。最後，儘管產業快速成長，許多系統商仍然遭受巨大虧損，原因在於用戶月費和其他收入不敷營業支出，包括節目製作和取得、促銷與衛星時段租用等。近來儘管視訊壓縮技術不斷整合、光纖科技和同軸電纜等系統導入，以及網際網路通訊協定的技術運用，不過，有線電視系統仍需面對包括數位通訊市場以及創新節目製作等挑戰。表 5.1 列出美國前十大有線電視頻道。

表 5.1　美國前十大有線電視頻道

排名	有線電視網（開播日期）
1	Discovery 頻道（1985 年 6 月）
2	ESPN 體育頻道（1979 年 9 月）
3	CNN 新聞台（1980 年 6 月）
4	USA 美國有線電視網（1980 年 4 月）
5	TNT（Turner Network Television）有線電視網（1988 年 10 月）
6	Lifetime 生活電視台（1977 年 4 月）
7	氣象台（1982 年 5 月）
8	ESPN 體育二台（1993 年 10 月）
9	Nickelodeon 台（1984 年 2 月）
10	A&E 有線電視網（1985 年 2 月）

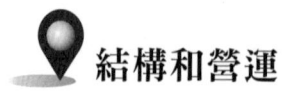

結構和營運

有線電視系統大部分屬於資本和政治密集，從最初推動、拓展到獲利，必須投入相當的時間和精力。產業初期通常屬於工程導向，意

即只需要將大型天線定點設置,並且準備好若干訊號增幅器,建置幾條電線就能營運。然而,隨著付費服務項目增加、都會消費人口成長、老舊系統升級汰換,以及用戶定址(addressablility)需求增加,整個系統的資本投資規模也將更為可觀。2000 年,半數以上的美國有線電視用戶,享有 750 兆赫頻寬服務(相較之下,舊系統頻寬低於 300 兆赫)。最新光纖系統可以高達 1000 兆赫(GHz),可以傳送 150 個以上的頻道。後來有線電視系統開始利用光纖纜線(fiber-to-the-curb, FTTC)取代同軸纜線和主幹線,系統也由傳統樹狀結構改為光纖同軸混合網路(hybrid-fiber-coax, HFC),它能將訊號傳送至鄰近節點並連結上百家用戶,提供回傳訊號路徑給互動節目用戶使用。無論如何,HFC 系統的經濟關鍵在於用戶的節點比率。至於電腦和傳輸設備則是另外兩項關鍵。訊號由前端設備發送至用戶家中,再由電腦監看電纜和增幅器是否有誤,以及追蹤每家用戶的節目收訊情況,其他包括更新連結記錄、彙整帳單和節目導覽等。

專業人員薪資占有絕大部分的營運成本,其他包括大型車隊和移動通訊設備,作為用戶拆裝系統和變頻器與維修電纜設備。特別在大都會區,安裝工程尤其複雜,若是在人口密度高的地區,還包括建置地下管線,不同於鄉村地區只需租用電話系統。其他還包括系統維護、客戶服務和訊號偷接等處理,都會嚴重地影響系統業者的潛在利潤。無論如何,根據美國有線電視系統的發展經驗,美國有線電視系統逐漸朝向集團化發展,因為大型有線電視系統業者具有議價力(用戶月租費)以及與衛星電視競爭。無論如何,有線電視系統的營運關鍵支出在於節目製作和取得的費用,約占總體成本的三分之一,相較之下,

人事成本約占五分之一。

總的來說，有線電視系統接近自然獨占（natural monopoly），意即市場中只有一家公司達到經濟規模，平均成本會隨著規模增加而減少。系統節目方面，雖然系統商也能自製低成本的地方節目，不過，終究不是用戶的主要需求。因此，從 HBO 或是 Showtime 等頻道商購買節目可能更為適合。以電影和職業運動比賽為例，系統商不必費心與好萊塢製片商交涉，或是與職業運動等大聯盟周旋。因此，頻道商和系統商的合作模式，逐漸成為產業發展的兩大支柱。對於優質的頻道商而言，例如 HBO 或是 Showtime，由於頻道商平均每年至少需要 500 部以上的影片（HBO 至少需要 1000 個）才能填滿所有的時段。因此，頻道商事先以幾億美元買下部分製片商未來三到五年的電影版權，有時甚至採取獨家授權的方法。上述關係不但為製片商提供可觀穩定的製片經費，又能確保頻道商節目不虞匱乏。製片商通常會依據電影票房調整授權費用。例如，整批 20 支授權電影，可能以每戶每片 20 美分的版稅計價，也可能按照整批電影暢銷程度和獨家授權加以調整。

競爭和評價

1970 年代，如果沒有付費電影和運動頻道的推波助瀾，有線電視產業就不可能有今日的蓬勃發展。隨著光纖和高解析畫面傳輸技術的發展，有線電視系統邁入計次付費（pay-per-view, PPV）的階段，意指有線電視變頻器可以直接從系統端定址，隨用戶所選頻道傳送訊號到用戶家中。隨著定址用戶快速成長和高速運算成本降低，計次付

費服務成為產業主要收入來源。即使有線電視系統超過半數收入都要轉撥給節目製作單位或是發行公司，計次付費仍然可以帶來豐厚的利潤。

　　儘管有線電視系統逐漸替代了無線電視廣播，然而，它也面臨著產業和潛在競爭者的威脅，包括 MMDS、SMATV 和 DBS。其中，使用數位科技的 DBS 儼然成為有線電視的勁敵。DBS/DTH 直播衛星（direct broadcast satellites, DBS）可以直接傳送頻道訊號到用戶碟型天線，不必透過有線電視傳輸系統，加上特殊的數位技術，用戶就能在家中收看衛星節目。直播衛星科技逐漸演進為目前的家用衛星直播服務 DTH（direct-to-home）。它比其他影片傳輸服務價格更為低廉，由於成本不會因為接收用戶的增加而增加，也不必負擔維修管理費、服務費或是加盟等費用。DTH 目前已經成為美國有線電視產業最大的競爭者，對於其他地區有線電視業者也是一個重大威脅。其次，MMDS/LMDS 多頻多點訊號（multichannel multipoint distribution of signals, MMDS）則是經由微波傳送資訊，訊號不必透過傳統電話線路。這種無線型有線系統使用獨特的擴大訊號，可以被附近公寓或是辦公室天線所接收。第三、SMATV 衛星電視（satellite master antenna television, SMATV）是有線電視觀念的延伸，利用碟型天線將衛星轉播站的訊號傳送到附近用戶家中。在人口密集地區，SMATV 經常透過有線電視加盟競標策略，在有線系統建置完成之前獲取大量利潤。最後，STV 收費電視（subscription television, STV）利用網路下載（over-the-air）超高頻 UHF 電視廣播訊號，這是早期美國競爭者採取的策略，不過長期來看，由於無法提供節目，視訊品質也無法與有線電視系統競爭。

除此之外，電信產業和有線電視產業向來都是競爭對手，數位傳輸科技催化了這場電訊大戰更趨白熱化。兩者的界線愈來愈模糊，技術發展和商業策略也愈來愈接近。儘管如此，本質上兩者仍然存有極大差異。例如，有線電視系統採取點對點單向設計，意即訊號由一點傳輸到另一點。然而，隨著網際網路通訊科技的發展，有線電視系統也能利用數據機進行雙向數位訊號傳輸。易言之，它已經能和傳統電話電路交換（switched-circuit）匹敵。有線電視系統不但具有閱聽傳遞技術（audience-delivery expertise），還有電信業者所沒有的節目取得管道，又能提供優質的影片傳輸，即使電信業者投下巨資模仿也很難競爭。上述現象導致有線電視系統半數以上的收入來自於數位網路和數位電話服務，使其既有的電視和影片製作逐漸成為副業。不過，另一方面，電信業者也開始利用網際網路 IP 提供寬頻網路協定電視（Internet Protocol Television, IPTV）。總的來說，有線電視、電信、網際網路和內容提供業者之間的關係，已經變得十分複雜。

　　最後，在有線電視系統的資產評價方面，透過每戶平均價值來計算有線電視的移轉價格非常普遍，不過，上述方法可能產生誤導。原因在於，其中可能包含許多干擾因素，包括：

- 長期利率會影響現金流量、系統建置費用，以及用戶對於額外付費服務的接受度。
- 新用戶成長率及人口與所得結構，取決於系統所處的地理區位。
- 加盟協議存在極大的規範和條件限制差異。
- 廣播電視訊號品質和數量影響用戶消費有線電視的意願。
- 系統實體設備及密度、頻道數目與維修服務。

- 用戶訂價的政策法令變化。
- 科技發展和潛在競爭者會降低用戶成長和削弱議價力。

針對上述情況，潛在買主可以透過 EBITDA 和資產訂價乘數加以評估，類似市場乘數通常介於隔年現金流量的 8~15 倍。若將最近類似有線電視系統的現金流量乘數與預估投資資本潛在收入流量相比，上述乘數範圍會更加明確。

第六章

音樂產業

音樂是最個人化也是最容易取得的娛樂,回顧音樂產業的發展與興衰,科技始終扮演關鍵的角色。事實上,直到 1980 年代電腦推出之前,人們對於聲音的錄製和播放,仍然延續著一百年前愛迪生的發明技術。只是當今包括網路下載、串流與雲端音樂,都對音樂的製作和發行產生了重大影響。

歷史脈絡

　　動態聲音複製技術,早在 1800 年代初期就已出現。然而,直到 1877 年,愛迪生才以錫箔紙包裹圓筒,旁邊附有一個旋轉手把,當轉動手把並對錄音孔發聲,聲音就會使隔膜上的金屬唱針不斷振動,唱針會使錫箔紙留下刮痕,當上述過程顛倒進行,唱針就會使隔膜產生振動,並且播放出剛剛錄製的聲音。雖然這項發展最初曾經在音樂廳、博覽會與歌舞劇院展示,然而,機器發出的沙沙聲和錫箔紙有限的使用頻率等因素,澆熄了愛迪生對於留聲機的熱情。一直到其他發明家進一步的改進,例如,亞歷山卓貝爾用外膜塗蠟的硬紙板取代,同時加上電動功能,最後終於出現自動唱機的前身。當時人們會跑到

髮廊投入五分鎳幣，聆聽這新奇的玩意播放歌曲和喜劇獨白。1890 年家用留聲機正式出現，它是由德國移民 Emile Berliner 所發明，是一款在 CD 鑲刻紋路上錄音的機器。經過十年改進之後，隨後並由 Victor Talking 公司推出一款英式留聲機，品牌名稱 Victrola。

隨著廣播電子錄音科技發展，聲音的後製技術也進一步升級，不過也導致了更多的利益團體衝突。一方面，作曲者嘗試收取表演版稅遇到更大的阻力；另一方面，廣播媒體堅稱一旦買下一份錄音作品，它們就擁有作品的版權，於是後續任何的使用都不必付費。因此，在 1920 至 1925 年之間，廣播市場大幅成長，但是留聲機則是大幅衰退。人們發現透過廣播可以免費收聽音樂，結果導致相關錄製產品銷售大幅下跌，這在當時所引起的恐慌，與當前網路免費音樂下載和盜版的情況如出一轍。不過，也因此音樂產業開始了解透過廣播推廣旗下藝人，不失是一種有效的方法，這時藝人的重要性開始高過於作曲者。

隨後美國經濟大蕭條再次重挫音樂產業，一直到 1930 年代後期才又逐漸復甦。不幸的是，音樂產業復甦又受到第二次世界大戰，以及為期二年的音樂工會罷工活動的影響，特別是缺少製作 78 轉老式唱片所需蟲膠（shella）原料等因素的阻礙。直到第二次世界大戰之後，新科技應用再次重振音樂產業，錄音帶取代了效率較差的蠟製空白帶。1947 年，盤帶（magnetic tape）降低了製造成本並改進了音質。1948 年，哥倫比亞唱片公司推出 12 英寸黑膠唱片（long-playing, LP）進一步帶動了產業成長。然而，新型 33 1/3 轉黑膠唱片單面播放時間只有 23 分鐘，明顯不及舊式 45 轉和 78 轉。直到 1950 年代後期，得利於新型低廉錄音設備的興起，造就了許多能與哥倫比亞等大型公司競爭的

小型獨立公司，進一步催化了傳統爵士和南方 R&B 音樂有機會進入美國主流音樂市場。

到了 1960 年代中後期，音樂產業才又正式崛起。全球風行優質仿真的立體音響，當時戰後嬰兒潮正值青少年時期，它們擁有龐大的消費力，催化了搖滾音樂風行。1960 年代，音樂產業也吹起一股整併為大型唱片集團的風潮，紛紛創造自己的獨立品牌，包括 RCA、CBS、Warner Communications 和 PolyGram，高成長持續到 1970 年代，一直到規格化錄音帶出現，再次為市場注入一劑強心針。然而，從 1980 年代起飛之後，音樂產業並非一帆風順，反而像是瞬間油料耗盡的汽車。老年消費族群興趣突然大減，加上乙烯製程品質低劣，導致市場需求明顯下滑，一直到 CD（4.7 英寸）推出市場需求才又回溫。這種電腦與雷射光束磁片提供逼真的音樂，進一步帶動市場成長。1990 年代初期，CD 成為市場成熟的產品，乙烯則是幾乎完全消失。1990 年代後期，廉價的個人電腦、廣泛的網際網路以及檔案交換軟體推出，使得音樂能以更廉價或是免費的方式被複製，結果導致全球嚴重的盜版問題。由於音樂產業的強硬回應，最後導致全球音樂產值蒸發了三分之一。儘管 CD 仍然是主流，不論在聲音、影片和個人電腦應用上皆已規格化，不過，CD 逐漸被更先進的 DVD（digital video disc, DVD）以及藍芽外線雷射讀寫等隨身數位設備取代。無論如何，音樂產業的三大收入來源，若是從重要性加以排序，分別為音樂專輯、出版和現場表演。總的來說，當今全球音樂產業若只專注於音樂專輯銷售，將會面臨極大的困境，因為包括現場演唱會、網絡和手機平台服務等，都是不可忽略的重要獲利來源。

製作發行

製作

　　創意不只限於作品，也包括經紀和製作流程。事實上，音樂製作範疇比電影還大，只是資本相對較小、人員參與較少。然而，唱片公司與藝人簽約具有高度的選擇性，知名藝人通常享有更好的合約。早期唱片公司單純與歌手簽約，並由內部製作人主導專案，目前則是流行由藝人和獨立製作人合作，獨立製作人協助藝人選擇曲風、定位與製作，有時還會進棚錄音、排練、混音和編輯，甚至參與專輯封面設計。獨立製作人和獨立製作公司（Label）經常成為唱片公司的次合約對象。一般而言，音樂製作合約包括下列幾種模式：

- 獨立製作公司簽下藝人並由內部製作人執行專案，付給薪資或是部分版稅。
- 藝人及獨立製作人分別與獨立製作公司簽約，獨立製作人收取製作費或是依據零售銷量收取 1~5% 版稅。唱片公司則是分配預算給獨立製作公司。
- 藝人及獨立製作人合作製作母帶售給獨立製作公司，獨立製作公司預支藝人和製作團隊版稅。
- 獨立製作公司及藝人與獨立製作人合資成立公司，版稅依照投資比例分配。
- 藝人成立製作公司負責製作和遞送母帶給獨立製作公司。獨立製作人可能被藝人所成立的製作公司聘用。
- 藝人可能被獨立製作公司聘用（也可能是自己的公司），然後出

售（或是出借）藝人服務（透過一個出借公司）給獨立製作公司然後收取版稅。
- 藝人向自己擁有的唱片公司和製作公司提出壓片和發行協議，然後委由大型唱片公司處理製作和發行（賺取 20%），這種策略類似電影產業「租借影棚」（rent-a-studio）發行條款。

儘管市場上興起許多獨立製作公司，不過，只有少數可以真正獨立運作。因為音樂專輯在最初籌資、製作與最後發行過程，大型唱片公司經常更具效率且更能分散經營風險。無論如何，獨立製作公司和獨立製作人通常可以在許多方面占有優勢。例如，知名的獨立製作人經常可以取得極高的報酬，有時甚至比藝人的收入還要更多。

藝人

藝人的版稅收入取決於市場知名度，多數藝人的版稅通常是零售價 15%，不過也有少數低於 10%。其他也包括各種浮動指標，例如，十萬張以下是 9%，超過十萬張每增加一個等級，調高版稅 1~2%。多數情況下唱片公司會預付藝人年度版稅收入的 1.5 倍。另外，藝人也會支付版稅以外的部分報酬給製作人（大約是零售價的 3%）。例如，藝人獲得 15% 版稅，可能提撥 1/5 給製作人，這種關係相當於電影導演和製作人關係。不同於藝人，製作人的收入主要依據唱片銷量，其中不包含相關製作和行銷費用。1970 年代後期，音樂產業獲利衰退主因在於知名藝人被過度競標，當龐大版稅無法被唱片銷量吸收，結果將會造成重大虧損。另外，為了避免可能的不暢銷，唱片公司也會與藝人簽訂多張合約，採取版稅交叉擔保的策略。

行銷

專輯行銷可能包括巡迴表演、異業合作、促銷、廣播電視等媒體廣告，以及免費公關專輯發送等。上述促銷活動通常鎖定影響力高的媒體，其中包括龐大的間接宣傳費用，例如對於媒體或是節目經理進行公關，近年來上述活動已經被立法公開合法化。目前許多重要媒體都有明訂可以接受的公關饋贈上限。另外，唱片公司也會編制市調人員，掌握專輯促銷與媒體播放或是停播情形。由於流行音樂媒體每週都有許多新歌加入，因此，爭取播放的競爭情況非常激烈。根據美國音樂產業經驗，大約只有 10% 的專輯可以獲利，另外 70% 的專輯都是虧本，這種情況比電影更糟。因此，獨立製作公司都會採取大量製作策略，只要數量高過於可能成功的專輯數目，藉此可以分散過度集中於特定專輯的投資風險。又由於這個階段的預付版稅，可能遠低於往後的宣傳和發行支出，如果專輯又突然暢銷，特別是多數新進藝人的版稅較低，公司可以因此獲得龐大利潤。如同其他媒體與文創產業一樣，通常只有少數作品可以暢銷獲利。因此，近年來許多大型唱片公司紛紛仿效電影產業，透過第一週的專輯銷售量，來判定是否會成為暢銷單曲，否則可能暫停或是取消無法立即成名的藝人宣傳，甚至可能終止與該藝人的合約關係。

發行

由於專輯失敗率高又暢銷專輯的生命週期極短，因此，無效率的發行根本不被允許。尤其是當面對幅員廣大的市場，發行擁有效率倉儲和鋪貨能力成為重點。因此，多數發行都是由大型唱片公司負責，

充足的資金可以降低庫存壓力，再則可以在最短的時間，完成大規模鋪貨目標。一般而言，成功的發行關鍵在於資本規模、流行趨勢掌握以及成功的行銷。因此，發行公司經常雇用大量行銷和宣傳人員，並且極度仰賴外部情報蒐集系統，這種結構在大區域市場非常有效。至於發行循環的最後一環，則是由批發商回收不暢銷專輯。通常不論回收的價格高於或是低於成本，它們都會將專輯退還給發行商，或是以二手商品價格出現於折扣商店。另外，由於版稅合約通常註明專輯銷量而非製作量，因此不暢銷和過多庫存的專輯，經常成為藝人與唱片公司的爭訟關鍵。過多的庫存也可能被唱片公司以物易物，或是作為募款的工具。然而，只有少數知名藝人可以改變不暢銷專輯，不致淪於被拋棄或是被摧毀的命運。

網路

網路是當今音樂發行的重要平台，它影響了傳統配銷和訂價方式，透過網路可以減少處理流程和配送成本，透過網路下載音樂到電腦、智慧型手機或是與他人分享，可以免除包裝，也更容易取得。不過，藝人或是獨立製作公司可能因此更難獲利。換個角度，藝人也可以因此不必依靠大型唱片發行商，自行製作、發片與行銷，獲利有時可以達到零售價的50%。網路讓傳統發行方式不再重要，並且導致訂價和發行策略出現變革。例如，唱片公司可以透過免費機制提高歌迷的忠誠度，透過拍賣衍生商品和巡迴演唱會票房獲利。2003年，蘋果電腦推出 iTunes 開啟了新的音樂聆聽模式，提供線上訂閱服務只租不售的商業模式，例如 MusicNet 和 PressPlay。透過網路發行的音樂專輯，可

以依歌曲、大小、時間的長短訂價銷售,網路幾乎可以讓所有的音樂不受任何時間和地點的限制。

版稅

音樂產業和電影產業非常類似,差別在於前者的規模較小,投入的資本也較少。音樂產業流程主要包括作曲、發行和管理。出版商是作曲家的重要收入來源,作曲家通常會努力引起出版商的興趣,或是自行成立出版公司。不過,收入會由作曲家和出版商平分。出版商角色在於行銷樂譜,利用現場表演和錄音來銷售音樂。每一個步驟的版稅,都會被二級出版商[22](sub-publisher)和共同作曲家瓜分。通常新歌手或是作曲家的合約條件較為標準化,至於知名歌手的版稅結構則需要詳細溝通,模式也較為複雜。一般而言,作曲家的事業生涯多數需要律師和會計師參與,但是如果作曲家也是歌手,這種情況也愈來愈普遍,通常還需要一位專業經理人去負責敲定演唱會、電視錄影和專輯合約。總的來說,經紀人會抽取 15% 到 20% 的歌手收入,而代理人則會抽取 10%。如果是新歌手或是作曲家,法律諮詢顧問和經紀人可能是同一人擔任。

版稅的類型還包括表演、灌錄、同步和著作權等。表演版稅方面,不論音樂是由夜總會表演者或是廣播電台播出,在美國通常由兩大經紀公司負責收取表演版稅。歷史最悠久的是美國作曲家、作家

---

[22] 一般而言,原始發行商稱為 OP(original publisher),二級出版商稱為 SP(sub-publisher),二級出版商只有獲得原始出版商的授權許可,才能在許可的範圍內對於這些詞曲進行出版和使用。

和出版商協會（American Society of Composers, Authors and Publishers, ASCAP），規模和會員數較多的則是美國廣播音樂公司（Broadcast Music Incorporated, BMI）。在美國，60% 的表演版稅來自於廣播電視和電影，為了完整掌握上述版稅收入，經紀公司發展出一套電腦化登入和取樣流程。至於版稅的決定方式，受到音樂使用率、長度、聽眾族群和規模等因素的影響。無論如何，版稅的多寡和授權播放的方式，經常是立法變革的重要議題。其次是灌錄版稅，灌錄一詞係依據著作權法，從唱片銷售等出版方式中收取，在美國通常以零售價的 3~10% 計算。同步版稅，例如，影片中使用音樂，需要獲得同步授權，至於收費方式則取決於音樂長度、聽眾規模和使用頻率。無論如何，著作權或是智慧財產權保護，對於解決盜版問題非常重要，儘管如此，盜版猖獗仍然造成音樂產業龐大的損失。

財會評價

從藝人的角度，藝人與唱片公司的專輯合約，關鍵點在於有效期限、發行數量、海外發行、版稅和預付款。藝人的版稅和預付款方式，根據過去資料顯示，通常以建議售價（suggested retail price, SRP）的 10% 為基礎，再依藝人的專輯銷售潛力加以調整。實際簽約大約是建議售價的 9~13%，超級巨星可能是 18~19%。古典音樂由於預期銷量較低，因此，版稅大約是建議售價的 7.5~10%，預付款也會低於流行音樂。

上述百分比也可能以批發價為基準，批發價也稱為發行價（published

price to dealers, PPD）或是基本價（base price to dealers, BPD）。至於專輯或是單曲的銷量計算方式，依照美國唱片產業協會（Recording Industry Association of America, RIAA），以及國際唱片業交流基金會（International Federation of the Phonographic Industry, IFPI）的分類標準，包括金片（五十萬張）、白金片（一百萬張）、鑽石片（一千萬張）。

藝人的合約還包括創意、母帶和出版所有權、製作費下限、轉簽時限、藝人稽核銷量權利、宣傳經費下限，以及巡迴演唱會等內容。唱片公司有權回收超出預付款的版稅或是拒絕支付製作費，這對藝人將會產生重大的影響。其他還包括違約仲裁條款等。如果獨立製作公司和藝人未能明確釐清版稅，爭執的情況很快就會出現。例如，唱片公司詳列的版稅通常不含促銷公關數量（基於宣傳發送到媒體的公關專輯，或是對於通路商提供數量折扣）。其他包括專輯製作費與交叉擔保[23]（cross-collateralizations）等也會影響藝人的版稅收入。無論如何，可以發現音樂合約極不尋常且複雜，它與科技發展未必完全相關，但可以確認的是，未來的合約形式會逐漸朝向對於藝人更加友善。

從公司的角度來看，為了提高獲利，大型唱片公司迄今仍然維持著細緻且難以複製的經營架構，包括效率籌資、行銷、藝人發展和發行服務。由於音樂產業的獨特性，唱片公司經常面臨極大的資本風險，包括簽約藝人是否成名；發行商慣例不分攤專輯製作、宣傳、行銷和

---

23 在音樂產業，包括藝人與唱片公司或是詞曲創作者與出版商簽署的任何協議，可以規定任何預付款都應從藝人或是詞曲創作者的版稅中扣除。例如，今年獲得的版稅可以彌補上一年度付出的預付款。至於電影產業，則是代表一部影片的行銷費用計入另一部影片的行銷費用計算。

配銷費用；藝人不退預付款（如同虧損）。同前說明，少數獲利的專輯通常不及總體發行量的 10%，都是用來抵銷唱片公司其他的專輯虧損。

　　無論如何，已發行的專輯可以作為音樂產業公司的資產評價，不論是版稅形式或是母帶所有權形式。上述資產價值都是依照未來現金獲利加以衡量，利率仍是關鍵要素，它與預期現金流量的現值呈反比，也與資產購買者取得融資的能力呈反比。上述資產價值可以透過預期現金流量乘上倍數加以衡量，或是把具有同類型資產的公司價值減去負債淨額加以比較。

第七章

出版產業

當今各種媒體產業,不過是不同出版形式的轉換。更確切地說,出版類型包括電影、電視、音樂和表演藝術。隨著數位製作和發行等媒體科技的發展,任何人都能以相對低廉的成本,在任何地方出版,與任何人接觸。無論如何,儘管科技決定了可能的媒體形式,但是它仍然無法決定內容。

營運特色

　　從早期的洞穴壁畫,到古埃及的象形文字,甚至到第一本書的印刷,人們總是習慣透過出版方式,溝通他們的思想、計畫和歷史。西元前六世紀,印刷術早已出現於中國。不過,直到西元 1455 年,德國人古騰堡(Johannes Gutenberg)及其夥伴福斯特(Johann Fust),發明了一台移動式金屬打字機,並且印刷了第一本拉丁文聖經,正式開啟了現代印刷世界。

　　出版產業的營運特色類似其他產業,初期的內容產出屬於沉沒成本,隨後是較少的印刷及發行成本。這種營運模式導致產品需求缺乏價格彈性。若從邊際收入的角度,意即每增加一單位的銷售數量,額

外增加的銷售利潤會呈現遞增。發行量（circulation）是出版產業的重要變數，代表透過通路或是訂閱的市場需求數量。傳閱率（pass along rate），則是每一本刊物的閱讀人數。讀者規模就是將市場需求量乘以每一本刊物的閱讀人數，藉此可以計算出潛在閱聽規模大小。

一般而言，報紙和雜誌都會策略性地附帶廣告版面。事實上，對於所有的出版公司而言，廣告確實是成功經營的關鍵。然而，隨著總體經濟環境變化，廣告需求也會隨之改變，進而影響利潤水準。另外，原物料及發行成本的週期性波動，也會相當程度地影響利潤，特別是傳統出版產業。無論如何，智慧財產權內容是最難預測及控制的成本。如同其他的文本創作，包括小說、雜誌、報社專欄或是線上遊戲等暢銷作家，他們經常掌握了絕大部分的版稅收入，上述成本有時甚至超過了出版社的能力範圍。

出版的類型包括書籍和期刊。書籍出版又分兩大項目，教育和專業領域及一般圖書。它們分別擁有獨特的消費族群及經濟特性。在教育和專業領方面，相對上，它們具有高獲利及高門檻的特色，銷售收入經常與人口統計變數高度相關，它與商業和一般圖書出版大不相同，後者強調流行趨勢且內容高度變化。至於教育和專業領域出版，大學院校的市場需求約占一半，另外一半則是中小學市場。人口統計變化會明顯地影響入學率，因此可以有效預測未來教育用書需求。然而，許多教育出版品也會受到各級政府教材選用計畫的影響。無論如何，出版訂價不是教育及專業用書的主要議題，因為相較於學費及其他教育費用，教材支出的比率明顯偏低。相較之下，一般圖書（trade book）呈現完全不同的市場需求和成本結構，獲利率和單位銷量經常

呈現非等比的關係。一般圖書高度講求暢銷（hit-driven），性質上與音樂專輯及遊戲產業類似，必須預付一定比例的版稅給暢銷作者，並且需要投入大量促銷刺激市場需求。因此，一般圖書的市場利潤每年都有很大變化，並且容易因為爭奪暢銷作家導致成本上揚。

　　近年來，大型零售商或是連鎖書店嚴重地壓縮出版商利潤，例如，隨著行銷成本和退貨庫存成本的快速增加，詳如圖 7.1，加上市場激烈競爭導致促銷減價，最終都導致出版商轉向第三方物流發行[24]（third-party distribution），出版商的利潤明顯受到大型通路商強勢議價的影響，此外，儘管市場退貨數量大幅成長，有時甚至高達出貨量四成以上，但是大型通路商仍然要求更大折扣。最後，近來流行網路出版與電子書等媒體，也正逐漸改變傳統出版模式，包括可以徹底解決退貨問題。然而，即使未來電子書逐漸普及，出版產業仍將面臨龐大的生存壓力。期刊方面，主要包括報紙和雜誌。報社是內容的生產者及發行者，也是廣告服務的提供者。報紙和雜誌的收入來源主要包括廣告、用戶訂閱及通路銷售。在美國，報紙的廣告收入約占總體營收的八成。總的來說，雜誌和報紙收入都和總體經濟有關，因為廣告受到總體經濟的影響。例如，報紙受到當地廣告需求的影響，雜誌則是受到目標廣告的影響。儘管如此，報紙和雜誌市場仍有差異。報紙市場通常屬於寡占，出刊頻率較高（通常是每天），內容具有易逝性，並且強調配送速度，相較於其他出版頻率較低的刊物，報紙的發行和印刷成本明顯較高。無論如何，近年來廣告主已經將廣告預算從印刷品轉到網

---

[24] 公司聚焦於本業強項而把原屬自己該處理的物流活動，以契約方式委外給專業物流服務公司，同時透過資訊系統與該公司保持聯繫，仍能達到全程控管的目的。

路媒體，使得報社的經營愈來愈困難。另外還包括原物料及發行成本不斷上揚，以及愈來愈難以提高的廣告費率。總的來說，隨著人們的閱聽習慣逐漸轉向網路媒體，報紙的發行量及廣告收入愈來愈難以成長。另外，包括臉書與推特等網路社群也將大眾媒體（mass media）轉型為大眾都是媒體（media by masses）。在智慧型手機和平板電腦普及的地區，即使原本擁有廣大年輕讀者群的免費日報，發行量也都受到影響。

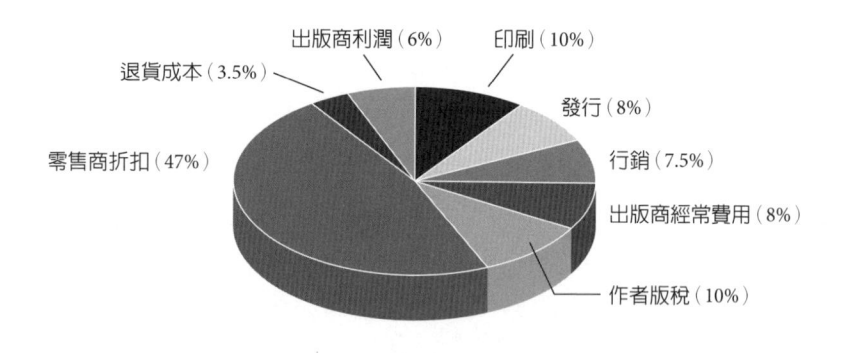

圖7.1　一般圖書成本結構

1600年代後期，全球第一本雜誌出現在歐洲，法文稱為magasin或是storehouse。不過，直到1890年，第一本以廣告收入為導向的大眾雜誌才在美國出現。雜誌的營運特性在很多方面與報紙類似，但是雜誌的收入更仰賴發行量，發行量又與郵遞等相關成本緊密相關。根據研究顯示，雜誌收入五成來自於廣告，相較之下，報紙則是高達八成。另一方面，雜誌收入四分之一來自於用戶訂閱，相較之下，報紙

則只有十分之一。雖然雜誌經常吹噓每年的廣告營收，但是我們無法確知實際的廣告單價，加上雜誌市場競爭愈來愈激烈，經常為了爭奪相同的讀者群，反而讓廣告主趁機殺價。因此，導致每一頁的廣告淨營收不如總體廣告的銷售表現。就像其他以廣告收入為導向的出版品一樣，每一千位的讀者觸及成本（CPM）仍然是有效的廣告衡量工具。在美國，只有少數的大型純雜誌和期刊可以保持獨立營運，原因在於，一本成功的刊物獲利期至少需要五年，而絕大多數的雜誌或是期刊，都已經被大型媒體或是事業所併購，加上近年來大型通路商崛起也讓出版利潤更形縮減。儘管如此，相較於其他許多媒體，雜誌確實更能作出深入與完整的報導，因此，仍然獲得市場相當的青睞與肯定。例如，《經濟學人》等專業期刊。不過，像是名人八卦等雜誌就沒有這麼幸運，包括網路鄉民討論、名人臉書或是部落格等媒體持續增加的點閱率、按讚數和廣告贊助，類似八卦小報雜誌必須有更專業與深入報導。無論如何，最大的挑戰仍在如何面對智慧型手機等行動裝置帶來的變革。

最後，近年來結合數位文本和影像等多媒體出版，已經被廣泛用在家用電腦、iPod、電子書和各種智慧型手機與平板電腦。這種媒體匯流（convergence）的方式，不僅打破了傳統傳播管道區隔，也讓人可以更自由地選擇個人偏好的媒體展現方式、資訊內容、閱聽模式，以及選擇性地討論參與。這些都徹底地改變了原本我們所認知的大眾媒體。而隨著這種媒體匯流的產品和服務的快速成長，它也逐漸成為一項整合的事業模式，同時跨涉了電影、音樂、書籍與電玩遊戲等。

財經觀點

經濟觀點

　　尋找暢銷的作品之於出版產業，如同追求賣座的票房之於電影產業。任何一家出版商都在投注究竟哪一位作者或是故事文本會暢銷。例如，早在 1994 年就已經完成的《波西傑克森──神火之賊》(*The Lightning Thief*) 手稿，事實上，是歷經了三年之後才被出版商正式接受，該書的版權並於 2005 年再度被轉賣，最後，才由迪士尼轄下的出版商正式出版。然而，該書出版之後四年，全球立即大賣超過 120 萬冊，並且被翻譯成多國語言出版。該書轉換為其他媒體形式的銷售數量也非常可觀。緊接著，該書又被二十世紀福斯買下了電影版權，並於 2010 年上映及發行 DVD。目前大家引頸企盼的是，充滿票房保證的續集何時出版。

　　因此，為了極大化收入和獲利，多數出版商只會將資源投入於少數可能暢銷的作品，而非提供更多元或是小說類型的出版選項，這種只聚焦於少數被歸類為可能暢銷的出版策略，意謂著其他多元的文本與作者更難找到出版途徑。於是未來除了可能成為暢銷的作品之外，其他的文本都將消失。儘管如此，相較於上述只打暢銷書並且持續精簡出版量的大型出版公司，目前包括許多新興小型出版商、網路自費出版以及隨需求印刷（print-on-demand）策略不斷出現，對於出版產業的影響仍然不可輕忽。最後，包括網路書店、電子閱讀器以及電子書等，提供了更多的折扣促銷以及更廣的銷售通路，這些也都讓上述去多元和反暢銷的疑慮，獲得了些許可能的解決出路。

財會評價

在會計處理方面，出版產業的會計處理原則類似音樂產業，例如，出版公司必須投資印刷廠房、透過預付版稅及最低保證金取得作者授權，以及提供出版退貨優惠等。因此，包括稅務及會計方式都可比照音樂產業辦理。例如，依照美國會計準則，「取得授權的最低保證金列為資產，後續列為費用。如果全數或是部分最低保證金後續無法透過版權交易收回，無法收回的部分列為費用。」這項處理原則適用於印刷廠房、其他印刷成本及版權費用。作者的版稅費用配合利潤加以調整，在出版品的銷售期間列為費用。預付版稅部分，依據作者過去表現及當前暢銷程度，如果透過未來版權交易可以順利收回，列為資產，反之，無法順利收回則列為費用。至於軟體產品銷售方面，例如，電腦軟體製作成本在尚未發行上市之前，列為研發費用。後續軟體生產成本都需要資本化[25]，依照每一樣軟體的當前及未來預期收入加以攤銷，並且依照軟體產品的剩餘生命年限，採取直線折舊逐年進行最低金額攤銷。

在資產評價方面，出版產業類似廣播電視和有線電視系統產業，可以採取預估現金流量乘數，財務分析以未扣利息支出、攤銷及稅負的收入（EBITDA）作為衡量指標，並且考慮新近類似財產交易乘數，以及下列幾項重要變數：

---

[25] 將相關費用支出不計入當期損益，而是計入資產成本之中。簡言之，資本化就是公司將支出歸類為資產（asset）的方式，此舉對於公司長期有利。例如，某一家公司興建一座新廠，將勞工成本列於資產負債表中的資產價值一部分，這項成本就被資本化了。另一家公司雖也興建新廠，但是卻將勞工成本列為支出。

- 利率及經濟趨勢
- 人口統計變數、科技、社會及成本變化趨勢
- 當地市場獨占或是連鎖系統的發展程度
- 提高廣告費率價格的可能性
- 提高發行量、訂閱量及價格的可能性
- 成本降低的機會或是提高編輯投入產出的可能性

基於上述變數評估出來的價值，再以負債淨額及帳外預估價值加以調整，作為出版產業的私募市場價格標準。從理性投資的角度，這項價格代表取得相關出版資料及現金流量所願意付出的金額，這項價格也可用來衡量公開股票交易價值的相對吸引力。

第八章

遊戲產業

文明的歷史就像是一場遊戲。當今世上只有少數人,可以擊敗電腦遊戲。事實上,電腦遊戲未曾被真正打敗,因為無論得分高低,人們總是最先喊累,或是最早犯下致命錯誤。

歷史脈絡

　　回顧歷史,玩具遊戲始終反映當時的社會技術和文化傳統。例如,考古發現許多遠古時代的玩具,時間甚至可以溯及西元前五千年,當時製作的材料包括黏土和木頭,最早的桌上遊戲（senet）是刻在石頭上,後來在埃及金字塔廢墟中被發現。希臘時代初期,出現了木馬和寵物玩具。中世紀時代,騎士和大砲小模型與宗教玩偶風行。中世紀法國,貴族流行收藏時裝娃娃。1700年代,荷蘭和德國商人家中裝飾洋娃娃櫥櫃。1800年代,由於板金、瓷器和橡膠等材質的運用,各式各樣的廉價玩具大量出現。1900年以前,德國是全球玩具遊戲製造中心。隨後美國逐漸嶄露頭角,利用最新的鑄造技術和塑化原料,並且改善大量生產和配銷模式。美國企業進一步強化玩具創新設計和行銷策略,近年更將製造重心轉向亞洲,包括台灣、香港和中國大陸。

無論如何,暢銷的玩具遊戲始終隨著時間環境而改變,並且反映出當時的社會文化價值。例如,二十世紀初期的美國中產階級,傾向於購買可以啟蒙兒童智慧的玩具。至於現代的玩具遊戲,不再只是由塑膠、纖維和金屬組成的小玩意而已,它是充滿著更多想像力的作品。回顧玩具遊戲的發展過程,如下:

吃角子老虎

　　第一部大型遊戲機最早可以溯及 1880 年代後期,當時第一部吃角子老虎機(Slots)──Ballyhoo 出現在舊金山賭場。這部遊戲機是由芝加哥 Lion 公司所推出,該公司的前身是 Bally 製造公司。其他幾家芝加哥公司如 Gottlieb、Williams 和 Stern 等,在 1970 年代初期,也都在該類遊戲機全球市場占有一席之地。直到 1970 年代中期,市場發生兩項重大事件,第一、Bally 公司推出電子彈珠台取代傳統機械遊戲機;第二、美國幾個大城市包括洛杉磯、芝加哥和紐約,紛紛合法化公共場所可以設置遊戲機,進一步促成了 Bally 公司成為產業領導者。儘管如此,緊接著產業需求出現下滑,直到 2000 年,市場最後只剩下一家小型企業。

彈珠台

　　大型遊戲機並不只限於彈珠台,1960 年代後期,電視遊戲機已經開始嶄露頭角。該項技術最早可以溯及 1962 年,當時麻省理工學院研究生展示一款模仿科幻小說《太空大戰》(*Spacewar*)的遊戲,硬體設

備包括一台 PDP-1 電腦主機以及一個超大的螢幕，果不其然，立即吸引了一群廣大的電腦遊戲迷。1968 年，一名叫桑德（Sanders）的工程師，研發出一款家用電視遊戲機並且獲得產品專利。最後，他將版權賣給 Magnavox 公司，目前該公司隸屬於荷蘭大型消費電子集團菲利浦公司。

1970 年代初期，猶他州大學工科畢業生 Nolan Bushnell，發現積體電路的價格低廉，若將《太空大戰》遊戲從大型電腦轉為大型遊戲機，相信具有相當的市場潛力！於是他和夥伴開始在車庫研發這款遊戲機。最後，成功推出一款簡單的網球遊戲，名為彈珠台（Pong）。很快地，彈珠台又掀起了一股市場風潮，彈珠台成為第一個暢銷的大型遊戲機。不久之後，家用式遊戲機因應而生。然而，消費者偏好始終短暫且多變，隨著價格競爭激烈和虧損愈來愈大，多數早期投入的企業紛紛被迫退出市場。

感覺上，大型遊戲機似乎只是曇花一現。不過，隨後日本遊戲機製造商 Taito 公司推出一款由美國經銷商 Bally-Midway 負責行銷的遊戲《太空侵略者》（Space Invaders），再次顛覆了全球遊戲市場。由於該款遊戲背景生動多彩，射擊功能非常逼真，因此，《太空侵略者》立即風靡了廣大消費者，也是第一個強調微晶片軟體設計的暢銷遊戲機。隨著各式創新軟體和硬體的升級，1980 年，第一款訴求吸引女性玩家的遊戲《小精靈》（Pac-Man）再次風行市場。1970 年代後期，軟體技術和硬體設備再次升級，包括更快的微處理器和更大的儲存空間，設計師更能製作出更具聲光效果的遊戲，無論是大型遊戲機或是家用遊戲機。

遊戲機

　　1982 年後期，全球電玩遊戲市場開始衰退，暢銷的遊戲卡匣愈來愈少。市場上充斥著各種仿冒軟體，上述情況與音樂和出版產業類似。直到 1986 年，日本任天堂（日文「交給上帝」）推出一款技術更先進、介面更友善的遊戲機控制台，儘管當時市場上硬體規格仍然混亂。不過，由於任天堂嚴格控管軟體開發和市場行銷，隨著經濟景氣復甦，任天堂順利地掌握全球八成市場占有率。1990 年代初期，任天堂每年獲利超過十億美元，幾乎等於好萊塢所有遊戲工作室的營收總和。

　　1990 年代後期，在新力 PlayStation 遊戲機的帶動之下，全球遊戲的軟硬體銷售規模大幅成長。隨後新力推出 PS2 與任天堂 GameCube 和微軟 Xbox 在市場上激烈競爭，全球遊戲機和遊戲軟體配件銷售規模達到 200 億美元。事實上，自從 1995 年 PlayStation 推出之後六年，新力遊戲機銷量已經達到 110 萬台，遊戲卡匣達到 8.8 億盒。全球多數家庭都擁有類似的遊戲機，包括 PS3、Xbox 和 Wii。

　　無論如何，改變仍是市場的唯一規律，遊戲產業逐漸朝向標準化方向發展，後續更興起了一股線上遊戲風潮，知名的網路多人線上遊戲（massively multiplayer online games, MMOGs），例如，《魔獸世界》（*World of Warcraft*）、《無盡的任務》（*EverQuest*）、《第二人生》（*Second Life*），以及《網路創世紀》（*Ultima Online*）等。線上遊戲玩家獲得的資產，甚至能在真實世界轉化為貨幣。快速低廉的電腦運算能力，讓遊戲產業更轉向互動式電影模式。差異之處在於，互動式遊戲玩家可以自創故事情節設定角色扮演，可以擁有各種花俏元素和

個性。相較之下，類似的電影製作獲利，通常只有上述遊戲利潤的一到二成。

相較於家用遊戲機，大型遊戲機的產業結構顯得僵固，產業多由少數大型集團所掌控，並且朝向垂直整合方向發展，產業結構中包括四項關鍵功能：

- **設計**：平均每一款遊戲的設計費用，超過一百萬美元。
- **製造**：包含許多製造協力廠商，例如，顯示器、印刷電路板、記憶體和微處理器晶片等。遊戲機產業消費了全球電子元件極大比重。
- **配銷**：聚焦於提供遊戲機批發、服務和各種遊戲機交換的服務。配銷商也會提供小型遊戲場信用貸款，或是協助購買新遊戲或是拆換二手機。其他還包括更換機組設備如新型電路板，讓舊機台可以適用和支援新遊戲。
- **營運**：無論是百貨商場或是小型遊戲場，遊戲機經營者通常會以50：50方式分配利潤。

當家用遊戲機的影像畫質逐漸超越大型遊戲機，大型遊戲機從1990年代中期開始式微，目前只在百貨商場或是運動球館等還有大型遊戲機的身影。

去螢幕

無論是家用電視遊戲機或是線上遊戲，都是透過電視或是電腦螢幕來進行。很快地，未來的遊戲可能不再需要類似的螢幕裝置。擴增

實境（augmented reality）科技已經讓遊戲世界侵入真實世界，例如，Google目前正積極開發一種將遊戲世界影像與現實世界影像重疊的眼鏡。

結構和營運

產業結構

遊戲產業主要包括遊戲機製造商、遊戲發行商、遊戲開發商和零售商。這些遊戲參與者之間的關係，隨著不同的遊戲平台類型而異，包括遊戲機系統、個人電腦、線上遊戲，甚至近來的智慧型手機和平板電腦等。

遊戲機製造商方面，目前全球家用遊戲機市場仍然是日本和美國的天下，包括任天堂（Wii、GameBoy）、新力（PS）及微軟（Xbox）。上述製造商旗下通常都會有自家的遊戲發行商，包括目前全球遊戲發行龍頭任天堂發行公司，就是負責任天堂自家的暢銷遊戲《Wii運動》和《新超級瑪利歐兄弟》（*New Super Mario Brothers*），其他還包括新力電腦娛樂以及微軟等。至於知名的遊戲獨立發行商藝電（Electronic Arts），也發行自己的遊戲《極速快感》（*Need for Speed*）和《勁爆美式足球》（*Madden Football*）。目前遊戲發行策略主要包括，一、暢銷遊戲一直是隨著遊戲機進行銷售，其他則是透過零售商通路；二、線上遊戲大多從發行商或是透過零售商於網路上訂購；三、最新的銷售通路包括網路串流遊戲、智慧型手機和平板電腦直接下載遊戲程式、

臉書等社群網站的免費遊戲。總的來說，遊戲中廣告和搭配遊戲的虛擬寶物，是目前遊戲發行商主要的收入來源。

至於遊戲開發商則是結合影像製作師和電腦程式設計師的遊戲設計工作室。目前全球有超過上千名的獨立遊戲開發商，它們就像是獨立電影製片者一樣，這些獨立程式設計師或是開發團隊都希望被主流發行商選中。有些開發團隊擅於製作遊戲元件，例如，場景或是角色與人物使用的武器。過程中業餘與專業開發者也會透過修改遊戲功能程式參與其中。近來隨著智慧型手機逐漸成為新的遊戲平台，簡單的遊戲應用程式大幅降低市場進入門檻，同時擴大遊戲製作的市場規模。最後，遊戲零售目前大多採取線上銷售，包括蘋果應用程式商店、Google、亞馬遜等也都積極投入，銷售對象包括智慧型手機和其他移動媒體裝置用戶。

未來營運

對於遊戲製造商而言，熱門遊戲就像是暢銷電影或是音樂專輯一樣，可以產生極高的收入利潤，尤其是家用遊戲機的獲利能力更超越大型遊戲機。例如，1990 年代後期，任天堂推出的《黃金眼》（*Golden Eye*）和《薩爾達傳說》（*Legend of Zelda*），每一款遊戲的投入成本不到 600 萬美元，但是卻創造了超過 2 億美元的收入。這種懸殊的成本收入比令人驚豔。相對而言，超過 2 億美元票房收入的電影，其製作成本通常要高出數倍。另外，多人線上遊戲《魔獸世界》（*World of Warcraft*）創造的利潤更高，每個月上線人數創造的現金流量收入，遠遠超出軟體最初的銷售金額，其他包括手機遊戲也能提

供額外的收入來源。儘管如此,並非所有的遊戲都有利可圖,例如,《模擬市民》(The Sims)系列就是慘賠收場。表 8.1 列出史上最暢銷的前十大遊戲。

表 8.1　歷來最暢銷的前十大遊戲

排名	遊戲	製作公司	推出年度
1	Wii 運動	Wii	2006
2	超級瑪利歐	NES	1985
3	瑪利歐賽車	Wii	2008
4	神奇寶貝	GameBoy	1996
5	俄羅斯方塊	GameBoy	1989
6	Wii 運動渡假勝地	Wii	2009
7	Wii 第一次接觸	Wii	2006
8	打鴨	NES	1984
9	新超級瑪利歐	DS	2006
10	新超級瑪利歐(Wii 版)	Wii	2009

無論如何,如同其他媒體產業和文創產業一樣,少數暢銷獲利的遊戲,必須用來抵銷其他銷售平平或是虧損的遊戲。總的來說,由於遊戲可以創造可觀的獲利,因此,持續吸引了許多消費性電子產品和軟體開發公司爭相投入,適用的範圍甚至擴及到主題樂園。

無論如何,對於遊戲的需求,如同對於電影需求一樣,市場需求經常變化快速、突然流行並且難以預測。展望未來,隨著科技的快速發展,擬真的遊戲和現實的生活情境愈來愈難以區別,遊戲的故事情節、聲光視覺和情感體現都可媲美電影產業。而電影和遊戲兩種藝術

形式也逐漸融為一體。加上隨著人工智慧的發展，虛擬實境的能力提供更具挑戰性的體驗。總的來說，不管遊戲的科技或是形式如何，暢銷遊戲的基本原則總是包括簡單易懂與讓人上癮，特別是挑起玩家的想像，一種持續無限的魅惑想像。

第九章

博奕產業

經濟學家指出，博奕是一種兼具投資的消費行為。心理學家指出，博奕是一種強迫性精神官能症。自古以來，博奕始終魅惑人心，人們相信「沒有意外，就沒有新的人生！」「含著金湯匙出生，不如靠財運翻身！」因此，博奕產業始終維持著穩定成長，經濟規模甚至大於電影和音樂的總和。

歷史脈絡

自古以來，人類對於賭博始終興趣濃厚。考古發現，山頂洞人會把太太拿來當作賭注。聖經時代，統治希伯來王國的所羅門王是用抽籤決定。埃及法老王圖坦卡門（Tutankhamen）墓穴被人發現有一個象牙賭盤。希臘神話記載，帕拉米迪斯（Palamedes）在特洛伊圍城時發明並教導士兵玩擲骰子遊戲。據傳羅馬人發明了樂透，並且喜歡對雙輪戰車比賽下注，而羅馬皇帝尼祿（Nero）聽說非常熱衷這項活動。至於撲克牌最早源自中國，而當今撲克牌則和十四世紀法國人所使用的類似，都是源自於算命的塔羅牌。法國路易十五世擁有一副銀製撲克牌，英國亨利八世則是一位舉世皆知的賭徒。另外，協助殖民地軍

隊創建美國的五月花號（Mayflower），以及美國許多一流知名學府，例如，哈佛與耶魯大學的創校資金都是來自於樂透彩金。

儘管人類的博奕歷史悠久多彩，不過，美國是讓它現代化和合法化的重要國家。只是美國人對於博奕仍然心存矛盾。回溯到殖民地時期，當時博奕發展非常精彩。五月花號登陸之後四年，維吉尼亞州議會立法禁止博奕活動。1827 年，美國紐奧良出現了第一家全天候營運，擁有豪華舞廳和音樂表演場地的賭場，當時被稱為鋪有地毯的賭窟（rug joint）。1850 年，隨著美國西部淘金熱，舊金山成為主要博奕重鎮。在此同時，密西西比河客輪上，包括紐奧良、紐約與芝加哥港口，風行各類的撲克牌活動。1850 年代，紐約擁有 6 千家賭場。1920 年代，邁阿密更是賭客聖地。

以內華達州為例，該州成為美國博奕重鎮，時間可以溯及 1800 年代中期。如同舊金山一樣，內華達州由於貴重金屬探勘熱潮，吸引了許多賭客、酒鬼與好色之徒。1931 年，內華達州正式合法化博奕，其間維持了半個世紀之久，該州對於博奕的態度始終曖昧，問題在於憂心可能衍生的貪污和詐騙。事實上，第二次世界大戰之前，內華達州雷諾市比拉斯維加斯還要繁榮。1905 年，拉斯維加斯藉由出售聯合太平洋鐵路中樞地產而興起。1911 年，拉斯維加斯設立市籍。1930 年代，美國墾務局在 30 英里外的圓石市（Boulder City）興建了胡佛水壩，不但為拉斯維加斯帶來水力與電力，同時也刺激了當地經濟發展，大量工人進入拉斯維加斯賭博娛樂並且永久定居。第二次世界大戰之後，拉斯維加斯逐漸成為全球娛樂中心。由於臨近的洛杉磯人口急速成長，加上低價航空旅遊等因素，進一步加速了拉斯維加斯發展。值得一提

的是，芝加哥黑手黨狂人班傑明西格（Benjamin "Bugsy" Siegel）這號人物，媒體曾經這樣描述：「建造一個兼具賭博、娛樂、觀賞表演，以及滿足快速成長的旅遊貿易服務的複合式豪華飯店，一直是班傑明西格努力追求的目標。1943 年，班傑明西格提出將荒蕪的拉斯維加斯轉型為合法的博奕天堂，他說服了黑幫組織提供資金，並且開始籌設第一家賭場街（the strip）豪華飯店——佛朗明哥（the Flamingo）。」

1946 年到 1947 年，內華達州開始徵收博奕稅，同時透過立法及行政兩項措施，確保博奕經營的誠信公平。諷刺的是，開始合法化賭場之前，少數擁有經營賭場經驗的業者，多數都與非法集團關係緊密。一如預期，1950 年代，許多潛在的問題終於浮上檯面，這項成長快速獲利可觀的事業，終究導致負責核發執照與監督管理的內華達州政府，與經營賭場隨時可能違法肇事的黑幫集團產生利益衝突。直到 1960 年代中後期，在美國法務部及其他聯邦政府等組織施壓，以及億萬富豪 Howard Hughes 投入大量資金，才使這項原本由黑幫集團掌控的產業獲得開放。1969 年，法人博奕法（Corporate Gaming Act）通過，美國政府允許企業透過股票公開交易擁有及經營賭場，進一步加速了博奕產業發展。由於大型企業投入提供賭場飯店擴張所需的資金，成功吸引了中產階級、商務客戶與專業團隊加入，為往後拉斯維加斯發展成為世界博奕中心奠下了紮實根基。特別是，1980 年代後期，擁有 3 千間客房的 Mirage 飯店正式營運。

另一個重要地點——美國紐澤西州，該州開始投入博奕產業與內華達州的情況大不相同。1900 年代初期，紐澤西州大西洋城（Atlantic City）早已是極受歡迎的海景勝地。由於忽略了廉價航空旅遊市場成

長,大西洋城逐漸衰敗成為海邊貧民窟。不過,由於大西洋城臨近人口稠密的費城和紐約,因此仍然吸引許多大型賭場進駐。另外,隨著都市更新及老人額外資助方案,進一步加速了該賭場事業的合法化。不過,1974 年,該州第一次公投反對在州內設立賭場。直到 1976 年,大西洋城賭場同意案才獲得通過。1978 年,紐澤西州設立了第一家賭場飯店 Resorts International,大批賭客湧入的熱潮持續幾年。大西洋城發展初期,儘管房間數只有內華達州一流飯店(1984 年約有 5 千間)的十分之一,不過,很快地它就成為拉斯維加斯的競爭對手。

儘管如此,兩個區域的博奕產業仍然存在許多差異。大體上,大西洋城的主要收入來源 90% 來自於賭場。相反地,內華達州則是來自於餐飲住宿及娛樂等非賭場收入,該項收入比率約占 50% 並且持續上揚。事實上,拉斯維加斯比較像是一個城市主題樂園。相反地,大西洋城則是由眾多吃角子老虎機組成的一日遊觀光景點。為了彌補上述困境,大西洋城也開始出現拉斯維加斯式的賭場飯店經營,例如,Borgata 飯店。

總的來說,儘管包括就業、稅收與社會福利等賭場爭議未定,卻仍然無法阻擋許多沒落的城市爭相投入興建賭場。加上各國政府逐步推動及法規鬆綁,全球類似的大型賭場紛紛興起,包括類似大西洋城的英國海邊渡假勝地 Blackpool,以及中國的澳門與新加坡的聖淘沙等。

博奕項目種類繁多,除了大型賭場之外,主要還包括賽馬和樂透。賽馬部分,1174 年,倫敦 Smithfield 設立公共賽馬場。十八世紀,賽馬成為英國重要運動。1665 年,美國第一個定期舉辦賽事的賽馬場,

在紐約長島 Hempstead 設立。不過直到 1821 年，真正的職業賽馬場（thoroughbred racecourse）才完成建造。美國內戰之後，一種相互下注的按注分彩賭法[26]（pari-mutuel），進一步帶動了賽馬的發展。相較於過去，賽馬活動多數由賽馬業者（bookmaker）隨意張貼各種賠率。按注分彩賭法推出之後，賭注放在共同彩池，彩金比率依照賭客意見決定，意即以目前已下注的金額計算出每隻馬匹的近似賠率。目前賽馬類型包括純種賽馬（thoroughbred）、1/4 英里賽馬（quarter horse）及各類賽馬活動（harness varieties）。

若與賽馬相比，人們對於樂透的熱情，可以溯及二千年前的羅馬。美國在獨立戰爭之前，大約有 13 個殖民地經營樂透。不過，在 1831 年以前，只有紐約市平均每週開獎一次，由於當時樂透係由私人經營，並不受到任何法令限制，最後終於出現許多違法情事，導致民眾對於樂透開始抱持反對態度。1890 年，美國立法禁止透過郵件發行樂透，1894 年，路易斯安那州才逐步放寬及合法化，因此促使十九世紀的樂透發展。直到 1964 年，新罕布夏州將樂透作為平衡州政府預算的募款工具才漸受歡迎，1995 年，總計有 37 個合法發行區域（包括加拿大），樂透銷售總額達到 250 億美元。回顧過去，1826 年，英國國會立法禁止樂透發行。1994 年，英國同樣基於財政考量重新發行樂透。

---

[26] 按注分彩（法語 pari-mutuel 代表相互下注）又稱彩池制，發源於法國，先將所有賭注共同放在彩池內，結果開出之後，莊家先由彩池內提取部分稅項和手續費，贏家們則按下注金額均分彩池彩金。按注分彩和定注分彩不同之處，在於最後的分彩是在彩池關閉以後才計算。在固定賠率中，分彩是在下注時已經決定。

總體觀點

　　第二次世界大戰期間，儘管博奕產業成長率高於總體經濟成長，但仍然受到經濟景氣的影響。例如，經濟衰退時到賭場的商務旅客通常會減少，此時會出現市場削價競爭，平均消費支出也會跟著減少。此外，包括飛機票價與汽油成本、賭場飯店房間數和賭場面積占比、美元相對匯率、國外賭客占比、預期通貨膨脹率和失業率等，也都會影響賭場的經營績效。

　　在美國，博奕牌照稅等都是由州和地方政府立法管理，這也反映出社會對於博奕的複雜心情。儘管博奕經常引起社會道德批判，不過各州仍然存在許多差異現象。例如，拉斯維加斯只允許特定的撲克牌遊戲，而內華達州雖然認可運動博奕，但是卻認定樂透屬於違法。在博奕廣告的時間與地點規定上也很不同。例如，1990 年代以前，美國聯邦政府全面禁止樂透廣告，但是州政府公益樂透與印地安保留區賭場則不受此限。直到 1990 年代後期，私人賭場得以在特定有線電視播放廣告。不過，只能播出非賭場景點，例如，高爾夫球場及餐廳，即使是印地安保留區賭場，也是直到 1988 年才免除這項限制。

　　基於歷史和文化因素及主流族群的偏好，各州對於博奕合法化始終存在許多立法矛盾。無論如何，若要加速博奕的合法化，關鍵仍在於強調提供更多社會福利，而非只是訴求可以獲得更高的稅收。當然，社會大眾很容易被操弄並誤以為博奕合法化可以帶來龐大稅收。幾項研究結果顯示，博奕合法化不是稅收的萬靈丹。博奕的總支出可能高於總收入，例如，合法化的收入淨額通常小於政府預算的缺口，意即

用在立法和執法的額外支出,其他包括博奕合法性衍生的政治貪腐,最終可能都會損害社會的總體利益。更嚴重的是,把政府的角色從博奕管理者變成博奕領導者。事實上,美國許多州政府早已成為上癮的賭徒。

在政府法規中,博奕法規比其他產業法規更為明確。以美國為例,博奕容易導致組織犯罪與詐騙行為。博奕立法通常屬於州政府的權限,透過立法設立監督單位掌控博奕公平合法地進行,尤其是正常繳稅。為了達成上述目的,執法、調查與發證單位等事宜,政府都必須公佈精確的行為準則。

以賽馬為例,紐約州賽馬委員會負責維護比賽的公正性,以及編寫相關比賽及場外下注(off-track betting, OTB)等統計報告。內華達州和紐澤西州博奕委員會則是負責發證和立法,兩州立法都包括設立兩個組織,例如,博奕管理委員會(Gaming Control Board)負責調查及稽核,博奕委員會(Gaming Commission)負責審核發證、撤銷及其他事務。至於美國聯邦調查局(Federal Bureau of Investigation, FBI)和美國國稅局(Internal Revenue Service, IRS)等中央政府單位,則是扮演協助州政府委員會的角色。如果州政府無效率或是失能,聯邦政府會迅速主動介入,最直接的策略包括提高稅率。事實上,博奕立法要兼顧社會與經濟非常困難,例如,紐澤西州合法化大西洋城賭博並避免黑幫介入,立法必須詳細規範所有賭場員工,包括餐廳雜工、旅館服務生和停車場管理員,即使是遠距離的場區也都必須取得證照。其他還包括財務會計與詐騙及逃漏稅等問題,例如,樂透(違法印製彩券)、賽馬(冒名頂替參賽馬匹或是讓馬匹服用禁藥)以及

賭場（逃漏稅款）等。完整的立法可以確保公平的博奕環境，政府也更能有效地取得稅收。最後，儘管博奕立法通常揭示用來支持公益，合法化的博奕即使不由政府直接擁有或是經營，通常也會與政府立法體系緊密鑲嵌。然而研究顯示，如果法律無法明確規定，博奕產業容易引起政治力干預。因此，政策的難題在於立法愈嚴，立法者愈有可能從中貪腐不法。

從總體角度出發，廣義的博奕產業範圍很廣，除了大眾熟知的賭場飯店之外，還包括樂透管理系統等軟硬體製造商、吃角子老虎機以及撲克牌機製造商、骰子與撲克牌製造商，以及賽馬培育業與不動產公司等等。不過，定義最為明確且最易投資者還是賭場飯店。一般而言，多數投融資者會利用息前稅前淨利來分析博奕產業，意即未扣利息支出、攤銷及稅負的收入（EBITDA），透過乘數評估未來預期現金流量，考量變數包括利率、當地市場成長、競爭因素、不動產價值潛力以及其他經濟條件等。

管理經營

經濟原則

一般人總有賭場的獲利來自於一群輸家的錯覺。事實上，賭場經營只需掌握下列原則：首先，實付少於應付給贏家的賠率（pay less than true odds to the winners）。質言之，賭場的獲利來自於輸贏兩方，意即先從共同彩金中扣抵各項租稅與費用，然後透過按注分彩分配給贏家。這種獲利率（edge）在賽馬場稱為 take，在樂透彩券稱為 cut。

其次，獲利會受到單位時間內平均下注次數與下注項目的影響，當下注維持一定的水準或是穩定成長，賭場的長期獲利會愈高。最後，禁止單筆大額賭資的下注限制策略。研究顯示，如果博奕賠率各半，經過一段時間之後，結果通常不賺不賠，但是如果賭客的賭資受限，賭客將是最後輸家。質言之，限制賭客資金低於賭場，一旦賭客的博奕時間延長，莊家最後將會贏得全部彩金。總的來說，賭客是被賭資打敗而不是獲利率。最後，套用運動博奕的研究發現，博奕其實是一種控制賠率的集體認知，賭場製作的各種賠率報酬表，關鍵不在於是否公平，而是在如何誘發部分賭客下注冷門標的，部分下注於熱門標的。

心理原則

表面上，博奕像是提供一種下注（handle）機會，實際上，它是提供亢奮的經驗感受。即使沒有贏得任何實質獎金（win），人們總會再次光顧，類似的經驗最終會形成一種內在價值。加上賭場採取大量行銷策略，透過廣告、行銷和公關，讓人盡情地長時間留在賭場：「在自己設定的環境下，決定表演何時開始以及多久結束！」事實上，賭場了解行銷形象對於賭客極具吸引力。大型連鎖賭場飯店了解如何鎖定目標客群與如何採取各種行銷創新。例如，Harrad 飯店鎖定中低收入客群，意即一群不需要高額信貸、豪華餐廳與娛樂設施的客群。相對上隸屬於米高梅公司的 Mirage 飯店，則是鎖定中高收入客群，這是一群心血來潮就會敗家的客戶。而大型賭場為了吸引及維持客源，大多數都會放寬信貸限制與提供短期免費招待給優良客戶。在管理方面，如何有效監督控管現金流量、借款和短期免費招待、避免員工及客人

因為接觸大筆資金產生違法行為，是賭場經營的成功關鍵。特別是放寬信貸策略，可以為賭場帶來龐大的利益，賭場目的在於讓賭客愈玩愈大，而不是馬上回收信用借款，總的來說，信用借款是賭場的黑暗面。

事實上，賭博心理極為複雜，心理學家認為賭博是一種精神官能症。經濟學家則是透過效用函數加以理解，意即人們通常會根據預期效用來決定消費。二百年前，數學界存在一道關於擲幣遊戲的謎解，稱為彼得堡矛盾（Petersburg paradox），理論上若投入遊戲的期望報酬是無限大，玩家應該也願意付出無限大的金額參與遊戲，但是事實上沒有人會這樣做。於是數學家 Bernoulli 和 Cramer 改以期望效用取代期望報酬，關鍵點在因為貨幣的邊際效用是遞減，也就是說，無論是獎金增加或是貨幣價值提高，後續增加的每一單位額外效用反而下降。因此，推論玩家願意付出多少投入遊戲，取決於期望效用而非期望報酬。另外，Neumann 和 Morgentern 兩位學者提出環境的不確定性也會影響博奕投入。至於 Friedman 和 Savage 兩位學者則是探討期望效用如何產生影響，例如，有些人特別偏好購買保險（避開風險），反之有些人則是偏好賭博（承受風險）。圖 9.1 顯示個人效用函數曲線包括兩個部分。凹狀，代表厭惡風險；凸狀，代表喜好風險。最後，Yaari 提出賭客對於遊戲的獲勝機率，經常以主觀的信念取代客觀的機率。

無論如何，分析是否引進賭場為當地創造利益，就應該考慮一旦賭場開放，吸引外地遊客的總收入（經濟乘數效應）是否高於衍生的社會與政府管理成本，例如，立法與警務治安成本。

圖 9.1　個人效用函數

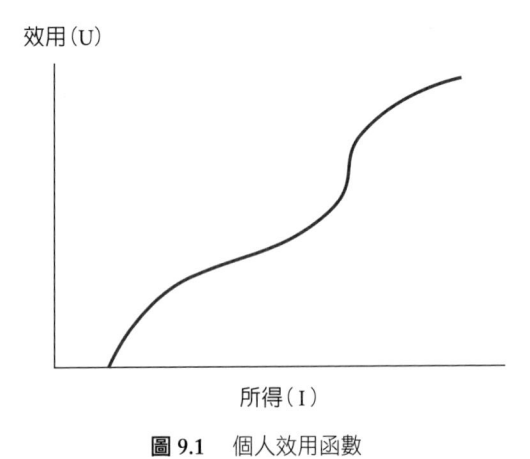

第十章

職業運動產業

職業運動除了是一項不可預測的現場表演,它也是一個「球團希望立法規範,但是球員希望獲得自由」的獨特市場。職業運動產業是以球迷為導向的民間營利組織,不過,球迷卻經常把它當作是非營利的公共組織。當今職業運動早已成為全球重要娛樂,市場規模龐大並和媒體及博奕產業緊密相連。

歷史脈絡

西元前 776 年,希臘奧林匹亞舉辦首次奧運。回顧人類的運動發展史,從早期以矛、棍、弓箭等生存工具進行比賽,一直到當今全球網絡實況轉播,特別是十九世紀中期,正式成立現代化運動組織。不過,迄今各種運動比賽規則並無太大變化。例如,籃球運動可以溯及到 1891 年,棒球運動可溯及到 1744 年,至於足球運動的時間則是更早,可以溯及到 1609 年。

美國是目前全球職業運動產業發展最為成熟的國家,主要的職業運動聯盟包括,美國職業足球聯盟（National Football League, NFL）、美國職業棒球聯盟包括國家聯盟（National League, NL）及美國聯盟（American League, AL）、美國職業籃球聯盟（National Basketball

Association, NBA），以及美國職業曲棍球聯盟（National Hockey League, NHL）。上述職業運動聯盟都是屬於區域獨占，加盟的球團可以享有相關租稅優惠，並且獲得當地政府補助興建球場。加盟球團不僅沒有短期競爭壓力，還可以提報營業損失，努力提高球團的移轉價值。無論如何，球團的加盟價值受到球員合約、租稅與反托拉斯法等因素影響，特別是廣播電視和有線電視的轉播權利金需求變化。

職業運動產業蓬勃發展，與廣播電視及有線電視產業的成長顯著相關。如果缺少傳播媒體的催化與收入挹注，不只職業運動的球團數量會大幅縮減，球迷數量也會大幅萎縮。以 1960 年為例，全美職業運動球團共有 42 個，地點遍佈東北部地區。2000 年，全美職業運動球團超過 110 個，地點已經遍佈全美各地。1980 年迄今，廣播電視及有線電視系統的運動節目時數成長兩倍以上，總時數達到 1 萬多個小時。無論如何，1961 年美國國會通過運動廣播電視法（Sports Broadcasting Act）明顯帶動職業運動產業發展。上述法案賦予職業運動聯盟成為卡特爾組織，包括不受反托拉斯法限制，此舉對於與廣播電視等傳播媒體進行轉播議價非常有利。

雖然職業運動比賽的轉播收入仍以廣播電視為主，然而，隨著有線電視系統的收視戶逐年成長，目前也逐漸成為球團收入的重要來源。例如，1980 年代中期，職業拳擊比賽已經成為計次付費有線電視的暢銷節目。有線電視逐漸成為主要職業運動比賽的授權對象，例如，美國的世界盃和超級盃。由於全球廣播電視和有線電視對於職業運動轉播需求穩定成長，因此，吸引許多主流媒體、娛樂公司及私人投資者，紛紛投入職業運動產業並享受租稅優惠。相較之下，大學與

業餘運動轉播權利金則成長有限。除此之外，相關媒體產業如報紙、雜誌與專業網站也都因此獲利。由於編輯採訪職業運動比賽的成本相對較低，並可以吸引廣大的閱聽讀者注意，對於提高媒體廣告收入非常有利。

當觀眾積極涉入比賽結果，職業運動比賽會讓人更加亢奮，因此，博奕產業也會連帶受益。事實上，博奕活動普遍存在於各項運動比賽，從棒球到拳擊，在美國內華達州和英國，它是十分風行的合法活動。然而，在美國其他地區，運動博奕仍然不合法。儘管如此，每年依然有數十億美元的運動博奕產值，投注範圍包括足球、棒球、籃球、曲棍球、拳擊和賽車等。總的來說，博奕除了能增加觀賞比賽的趣味性，還能提高對於傳播與出版媒體的報導需求。高收視率的運動比賽，不僅可以催化廣告時段價碼，廣播電視和有線電視也會競標轉播權利。上述轉播權利金是這項產業直接且重要的收入來源，至於博奕也間接提供了財務支援。

營運特色

在收入分配方面，職業運動產業的卡特爾特性，具有新加入者的進入門檻、獨家轉播權金以及利潤分享等機制。雖然不同的聯盟與球團面臨不同的環境和問題，不過，下列議題同樣受到普遍關心：（a）球團避稅、球場出租及移轉價格的獲利力；（b）從廣播電視及有線電視系統收取的轉播權利金；（c）球員薪資成本。以美國三大職業運動聯盟，包括足球、棒球和籃球，面對上述議題存在許多差異。

例如，美國足球職業聯盟就非常仰賴廣播電視轉播收入，特別是 1980 年代初期，當時美國職業足球聯盟與國家廣播公司簽訂一紙 5 年 200 萬美元的合約，若與門票收入相比，這紙合約讓聯盟的所有球團真正獲益，直到 1990 年代後期，金額成長達到 180 億美元。這項合約收入採取平均分配給所有球團，細目包括媒體和授權收入、門票收入以及系列贊助收入等等。這項合約也進一步隱藏了所有球團長期經營不善、能力不足與財務績效不好的困境。儘管各球團的戰績大不相同，但是財力最強的球團收入通常只比最差的球團多出 20%，相較於棒球聯盟，足球比賽沒有獨家電視轉播合約。

近年來足球聯盟採取分配協議（allocation arrangement），類似於棒球聯盟的反托拉斯豁免及免除制度，它能降低球團競標明星球員和自由球員的權益，意即每支足球聯盟球團必須遵守球員薪資上限，這與棒球和籃球的傳統慣例完全不同。自由球員有時可以簽下年薪千萬美元的合約。

至於棒球和籃球職業聯盟的營運結構，也明顯異於足球聯盟，因為在棒球和籃球職業運動的總收入當中，只有極少部分會分配給球團。根據過去的經驗，主場門票收入與市場規模才是主要收入來源。以美國職業棒球聯盟為例，相較於美國職業足球聯盟，前者一年大約有 81 場主場比賽，後者則只有 8 場主場比賽。棒球和籃球聯盟的門票收入約占總收入四成，其他則是球場停車費、廣告、食物和飲料等收入。相較之下，職業足球聯盟採取社會主義分紅結構，對於所有球團而言，如何在每週日填滿球場反而較不重要。易言之，聯盟的門票收入三分之一會被放在一個觀眾資金之中，屆時再由每支球團平均分紅。

無論如何，1990 年代後期，隨著薪資成本壓力和媒體轉播權利金成長趨緩，逐漸讓各項職業運動聯盟的利潤分配和薪資上限（salary cap）愈趨一致。無論是職業足球聯盟或是職業籃球聯盟的勞資協議（collective bargaining agreement, CBA），都不像職業棒球聯盟一樣，將勞資成本與收入緊密連結，它們多數仍將收入分配給加盟球團。

　　在球員薪資方面，職業聯盟球員的薪資成本通常約占球團營運費用的六成，近年來球員與球團之間的許多衝突也都與薪資有關。事實上，職業運動的勞資衝突可以溯及 1922 年，美國最高法院處理巴爾的摩聯邦球團（Federal Baseball Club of Baltimore）控告國家聯盟等重大判例。當時職業棒球聯盟屬於卡特爾組織，不同的球團彼此同意不雇用對方的球員。然而，這項判例讓各個球團在面對反托拉斯法上享有豁免權。因此，它們在特定的合約期間將年輕球員視為球團的資產。面對這樣的條件，球員們幾乎毫無選擇的餘地，只能默默接受球團單方面開出自認合理的薪資。

　　1953 年，再次發生 Toolson 控告紐約洋基隊的爭議，不過，仍然難以扭轉這種不公平的局面。直到 1970 年代，上述爭議才逐漸露出曙光。1972 年，職棒黑人明星球員 Curt Flood 控告聯盟理事長 Bowie Kuhn 案例，球員對於球團的法律挑戰終至獲得成功，不過 1887 年設立的職棒聯盟保留條款（reserve clause）仍然繼續，但是到了 1975 年後期，在知名的 Messersmith 法案通過之後，自由球員制度（free-agent, FA）[27] 正式生效。

---

[27] 自由球員（free agent）包括受限制和非受限制兩種。受限制自由球員（restricted free agent）與新球隊達成協議，如果球員原屬球隊在 15 天內開出等價合約，則可留住這名球員；非受限制自由球員則不受原屬球隊任何約束。

在這項判例之前，球團與球員之間通常會簽訂一紙短期合約，時期大約一季，稱為球員保留制度（reserve system），這項合約利於球團擁有更多時間掌控球員，藉此有效降低競爭及壓縮球員薪資，創造更多的時間進行合約談判。然而 Messersmith 決案通過之後，上述球員受到的限制獲得鬆綁，意即合約到期就能成為自由球員，可以與其他球團直接進行交涉。無論如何，當球員結束合約成為一名自由球員，新的球團必須賠償先前球團，類似賠償機制也會降低球員在新的球團合約中的預期價值。總的來說，1970 年代判例，明確賦予球員權利得以與願付高薪的球團進行協商。自由球員制度明顯提高了球員薪資與球員工會的地位。不過，這些也導致了往後發生了許多勞資衝突事件。

財會評價

儘管多數球團的經營價值經常不是來自於球員合約，而是球團之間協商取得獨家轉播權利金收入，而上述獨家轉播權利金的長期價值不會降低。但是對於高獲利的聯盟和球團而言，租稅漏洞可以是職業運動球團的重要獲利來源，

回顧歷史發展，1954 年以前，美國職業運動聯盟習慣和球員簽訂一年合約，並在該年攤銷該球員的合約成本。1954 年之後，美國國稅局則將簽訂個別球員的合約與球團合約加以區分，前者適用於一年內攤銷該項成本，後者則是總額分配給全部球員然後資本化，並依資產的可用年限予以攤銷。上述規定一直沿用到 1967 年。美國國稅局才按照棒球保留條款重新考慮個別球員的合約問題。雖然合約可能只有一年，但能有效將球員與球團緊密連結，球團可以長期有效地控制球員。

根據美國國稅局規定，個別球員的合約成本應該被資本化，然後依資產的可用年限予以攤銷。

1970 年代初期，職業足球聯盟協議擴大提供球團更大的租稅優惠，包括要求美國國稅局同意新的球團付給原來球團的加盟費用，可以選擇分派到加盟成本或是遴選資深球員的合約成本。由於前者將被視為是資本利得，後者可能導致收入的重新分配，此舉都可能影響美國國稅局的稅收。因此，球團被鼓勵儘可能地分派到加盟成本。由於多數球團係由個人或是少數合夥人擁有，因此，只要被認定為是獨資、合夥或是 S 公司，球團經營者的其他收入就能獲得保障。例如，以 80~90% 的加盟費用來購買球員合約，藉此降低資產帳面價值、提列營運損失與享受租稅減免。

事實上，1970 年代中期以前，由於賣方多將加盟出售價格轉列為資產，只有少數轉列為球員合約，因此，球員合約的折舊扣除額被轉為資本收益。相反地，買方則多將加盟費用轉列為可供折舊的球員合約。直到 1976 年，美國國會深感職業運動球團濫用租稅優惠，認為必須對於折舊基礎過度認列採取矯正措施，意即儘管球團經營的現金流量呈現正值，它們仍然認列了大筆租稅損失。另外，為了避免在球員退休或是從球團名單中除名之後，其個人合約折舊仍然繼續被濫用。因此，新法明確規定買賣球員的雙方球團，不得將超過 50% 的購買價格列為球員合約，藉此避免球團未將球員合約列入折舊，進而又轉手將它視為是加盟權利出售獲利。直到 1976 年之後，許多重要的判例進一步定義了租稅和會計分派。不過，關於廣播電視與有線電視的轉播權利金攤銷等租稅減免，迄今仍然未獲解決。2004 年，美國國會正式

通過一項法案，允許加盟球團以 15 年的時間攤銷加盟成本，反觀先前的法律限制，球團必須在 3~5 年的時間攤銷球員合約。無論如何，迄今最大的攤銷議題仍然在於廣播電視合約。

最後在資產評價方面，現金流量評價方法仍然適用。不過，對於球團加盟價值仍需考量下列因素：

- 加盟市場的人口統計變數及市場潛力
- 球賽競爭度對於門票價格及當地轉播收入的影響力
- 球場擁有權協議和不動產發展潛力
- 球員合約和工會合約規定
- 廣播電視、區域有線電視系統及國際收入潛力
- 政府對於球員合約攤銷及廣播電視轉播權規定
- 現金流量變動性愈低，加盟的價值愈高

上述因素當中，球場所有權最受球團經營者關注，特別是近年來經營成本不斷上揚，如何進一步開拓球團其他收入來源非常重要。另外，由於加盟權利價值和球員薪資快速成長，職業運動產業經營更加仰賴借款融資策略。

運動經濟

職業運動具有兩項經濟特質，一、聯盟具有卡特爾（cartel）特性，意即同一類型組織彼此結盟進行寡占；二、球團對於球員具有買方獨占（monopsonistic），意即市場中只有單一的買方和雇主。儘管自由球

員制度使得球團的買方獨占力逐漸削弱,不過,聯盟的卡特爾結構依然沒有改變。多數加盟球團普遍認為,透過卡特爾協議可以降低競爭和提高加盟價值。雖然類似主張的法律基礎非常薄弱,然而,限制球團數目和區域獨占確實可以維持比賽品質。

一項有趣的職業運動聯盟模型,利用球團戰力和平均單位成本等變數進行分析,假設聯盟最初處於穩定均衡狀態,意即長期而言每支球團的戰力固定不變,每支球團目標都是追求利潤極大化,因此可以獲得下列結論:

- 相對於市場潛力較低的加盟地區,潛力較高的加盟地區可以吸引更強的球團。
- 市場潛力較低的加盟球團,通常會出售球員給市場潛力較高的加盟球團。
- 排除地方電視台轉播收入來源,球團戰力的強弱分配與門票分配無關。
- 地主球團創造的廣播電視收入比重愈高,一旦球員的成本提高,市場潛力較低的加盟球團生存機會愈低。

其他重要的職業運動經濟研究,包括自由球員制度未必都讓最佳球員集中在財力雄厚的球團手中。另外,保留條款也未必可以確保市場的公平競爭,卻容易導致球員的薪資低於為球團所作的貢獻。其他包括球團之間的競爭性均衡、聯盟薪資上限效益、奢侈稅[28]、弱隊優

---

[28] 球隊薪資上限(salary cap)是由上一賽季的球隊收入約五成減去分紅,除以球隊總數得出的可用於球員薪資支出的最大限額。如果球隊的總薪資超過薪資上限,將不能簽約自由球員。以美國職籃為例,則是由上一賽季的球隊收入約六成減去分紅之後除以球隊總數,薪資高於水準的球隊需向聯盟繳交奢侈稅。

先選秀制度[29]（reverse order entry draft）等都廣泛被各種職業運動聯盟所採用。總體而言，綜合相關文獻可以獲得下列結論：

- 球員表現和薪資所得兩者呈現強烈正相關。
- 球員市場的限制性慣例，例如，保留條款，經常讓球團從球員身上獲得買方獨占利益（租）。
- 自由球員報酬率通常反映其預期邊際收入產出。
- 個別運動收入分配會比球團運動收入分配更為扭曲。

---

[29] 1965年大聯盟採行弱隊優先選秀制（reverse order entry draft），被視為是協助弱隊補強實力、以避免強者恆強的策略。

第十一章

表演藝術產業

幾個世紀以來，表演藝術的基本創作流程始終維持原來的模樣。科技進步雖然降低了成本，但也產生了許多負面效應。表演藝術強調精神報償勝過於金錢報償，許多表演藝術團體都是非營利組織，它們僅僅憑藉著政府補助、企業贊助以及個人捐款來維持。某位知名劇場製作人曾說：「如果是為了營利，我將不會站在這裡！」

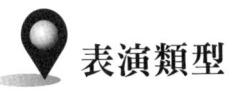

表演類型

儘管表演藝術面臨艱困的環境，包括資金緊縮和觀眾人數限制，卻仍然吸引大批的愛好者投入。時間回到十八世紀，當時一張戲院門票比一日所得還高，高所得的知識份子組成了高文化素質的觀眾，不過，隨著經濟發展，大眾所得也跟著提高，於是形成了一股參與藝文活動來消磨自由時間的趨勢。大眾在消費這些文化表演時，也會投入於門票之外的其他消費，例如，飯店住宿、小孩看護、交通等。

馬戲團

西元前 2500 年，在埃及已經相當風行如鋼索特技和魔術師等馬戲

團表演。直到 1768 年的英國和 1785 年的美國，馬術表演才為馬戲團開拓嶄新的紀元。最初馬戲團成員還包括小提琴手、魔術師和雜技演員，他們一起搭乘帆布馬車，走過一個又一個城鎮，進行小型巡迴表演，後來馬戲團有了長期駐點，才逐漸發展成為當今美式巨型環狀表演劇場。迄今，馬戲團仍被公認為是歐洲最主要的表演藝術，但是在美國就不是如此。因為馬戲團並非由政府補助而是由民間企業捐款經營。因此，馬戲團可以歸類為一個長期移動的商業劇場，混合著多種包括戲院和主題樂園的商業經營。以美國為例，每年參觀遊客人數始終無法達到獲利水準，如同其他表演藝術一樣，每隔一段時間就需要改裝劇場設備，所需的龐大支出很難達到收支平衡。

歌劇

　　歌劇是戲劇和音樂的結合，歌劇最早起源可以追溯到古希臘時代的劇院表演，以及中古世紀以音樂表演描述聖經故事的宗教戲劇。直到十六世紀，歌劇才以複雜的背景和音樂類型，演變出獨特的表演形式，這種形式更是風靡歐洲二百年之久。1883 年，大都會歌劇院將歌劇引進美國，不過，因為建造歌劇院的複雜性以及高成本，目前美國只有四家主要歌劇院，分別為大都會歌劇院、舊金山歌劇院、芝加哥歌劇院，以及紐約歌劇院。近年來，洛杉磯和休士頓歌劇院也都嶄露頭角。歌劇主要的經濟問題在於必須支應龐大的開銷以及供養包括主角和配角等演員、舞者、管絃樂團，其他後勤人員可能高達二百人之多，有時專業人員甚至更高達四千位以上。

商業劇場

在殖民時代，專業劇團表演一直是重要的娛樂活動。隨後由當地劇場組成並在特定地點演出的駐演劇團逐漸成形。不久之後，由知名演員組織巡迴劇團，一直到十八世紀後期，巡迴劇團取代了多數的駐演劇團。十九世紀初期，大型財團逐漸擁有連鎖劇團並且控制了票價，著名的 Shubert Chain 就在當時成立，不過，後來的商業劇團逐漸走向分工，包括演出戲碼、募款與聘用導演和演員，以及行政和舞台工作人員、廣告與行銷策略等，分別由製作人、導演以及劇場負責人分工負責。就像許多社會和經濟組織一樣，商業劇團逐漸變成了高度中央集權，以百老匯為例，在十九世紀初期，每季的演出高峰期，通常會有 250~300 齣戲在全國巡迴表演，目前則只剩下 20 齣戲左右。在 1920 年代後期，每季最少還有 250 齣戲劇在百老匯上演，現在很少超過 60 齣戲。

不過，百老匯依舊是百老匯，它是紐約市的戲劇中心，仍然吸引了全美大多數的商業劇團，數據顯示，百老匯觀眾大約 45~50% 來自於觀光客。另外，百老匯音樂劇的投資報酬率極高並且非常持久，詳如表 11.1，若與暢銷電影相較，票房完全不相上下。近年來，熱門巡

表 11.1 暢銷表演藝術和暢銷電影之比較

	音樂劇《歌劇魅影》	電影《侏儸紀公園》
全球票房	20 億美元	9 億 1300 萬美元
平均製作和行銷成本	900 萬美元	7000 萬美元
暢銷時間	10 年以上	20 週

迴演出的百老匯音樂劇重拍或是改編，約占總體票房 80% 以上，詳如表 11.2。許多成功的百老匯舞台劇表演，最後甚至都在拉斯維加斯賭場長駐演出，徹底改變了百老匯製作和巡迴演出的經濟模式。

表 11.2　百老匯十大暢銷音樂劇

括號內數字表示首場日期

歌舞線上（A Chorus Line, 1975）
啊！加爾各答（Oh! Calcutta!, 1976）
貓（Cats, 1982）
悲慘世界（Les Miserable, 1986）
歌劇魅影（Phantom of the Opera, 1987）
西貢小姐（Miss Saigon, 1990）
美女與野獸（Beauty and the Beast, 1993）
吉屋出租（Rent, 1995）
芝加哥（Chicago, 1996）
獅子王（Lion King, 1997）

無論如何，商業劇團也需要和非營利劇團競爭。非營利劇團又稱為宗教或是藝術劇場，它們分散在全國各地靠著捐款、基金會補助、個人捐獻、演出和周邊商品獲利，這些非營利劇團表現出多元的戲劇風格，包括古典、百老匯式或是非百老匯式的戲劇，有時還會成為商業劇團表演的繆思女神，或者被好萊塢相中改編成為電影。這些非營利劇團以延續傳統、創新視野帶領表演藝術朝向無限可能的方向發展。

交響樂

交響樂同樣源自於殖民時代，直到 1842 年紐約愛樂成立之後才開始蓬勃發展。早期交響樂團非常仰賴少數富人贊助，例如，知名銀行家摩根、卡內基、知名報人普立茲等，都是紐約愛樂的重要捐助者。當今全美大約有 1600 個交響樂團，分別被分類納入美國交響樂團聯盟，規模較大的樂團包括波士頓、芝加哥、洛杉磯、紐約與費城，因為較具專業組織規劃，因此更容易獲得經費補助。

舞蹈

第二次世界大戰之前的美國，以歐洲藝術形式展現的專業芭蕾舞表演非常少見。直到 1960 年代，大型贊助捐款開始扶植這項藝術。目前美國主要芭蕾舞團包括紐約芭蕾舞團、舊金山芭蕾舞團，以及美國國家芭蕾舞團。至於現代舞則和芭蕾舞有著截然不同的命運。現代舞剛好符合美國人的胃口，目前至少有六個重要的現代舞團，它們大多憑藉自己的編舞家和小財團贊助，在舞台上大放異彩。

籌資製作

經濟困境

表演藝術的問題核心，在於生產力幾乎無法大幅提升。例如，目前演奏布拉姆斯協奏曲所花費的時間，和 100 年前演奏的時間幾無差異。同樣地，演出莎士比亞戲劇所花費的時間，和 350 年前大致相同。

然而,其他產業的生產力,意即每人每小時的生產量,幾乎呈現穩定成長。表演藝術的獨特之處,在於生產的同時也正被消費。這種經濟上的困境——極低的藝術生產力,相較於其他產業較高的生產力格外明顯。另外,儘管經濟成長帶動所得收入,但是經營成本也會隨著通貨膨脹而上升,為了平衡收入差距,票價因此相對上揚。根據實證研究顯示,表演藝術的票價上升幅度,有時高於消費物價指數。但是高票價也會抑制市場需求量,特別是對於經濟較不寬裕的年輕世代。而在經濟衰退時期,即使高所得者也會對高票價怯步。

不可否認地,表演藝術充實了在地文化素質,但是它也長期處於資金不足的危機,通常解決方法都是透過募款和政府補助。以美國為例,表演藝術團體經常受到州政府和地方文化局與聯邦藝術基金(National Endowment for the Arts, NEA)的援助。美國國稅局也對類似非營利組織提供租稅抵減。儘管有些人認為政府補助藝術團體,最後只有少數菁英份子享用,這是一種資源扭曲,然而,政府通常在提供財政支援時會表示:

- 補助藝術能使有才華卻無經濟能力的藝術家,擁有更多的發展機會。
- 補助具有教育意義,能使年輕人更貼近文化活動。
- 補助能使藝術不斷創新,也有可能催化經濟成長。
- 當藝術成為大眾化商品,社會上每個人都能因為接觸而從中獲利。

對於企業而言,支持文化活動經常為當地商業活動注入新的商機,並且可以提高獲利。對於個人而言,不僅可以貼近享受藝術美學,還

能獲得個人所得的租稅抵減。如果從社會面觀察，藝術具有下列正面外部性：

- 雖然暫時並不需要，但是可以提供更多文化選擇價值。
- 雖然並非當前喜好，但是可以為下一代提供一個留存價值。
- 一旦摧毀就無法復原，如同歷史建築擁有的存在價值。
- 雖然對於藝術不感興趣，但是也不能輕忽它的聲望價值。

運作方式

無論是來自政府或是民間部門，對於贊助表演藝術團體的財務支援，通常無法期待這些投資可以直接獲利，尤其是投資表演藝術通常比投資其他藝術更為冒險。事實上，商業化的表演藝術籌資與流程和電影產業非常類似。

一般而言，製作人最初需要簽署一份演出和舞台合約，內容包括稅權預付款和有效期限，以作為安排表演人員和籌資的重要依據。緊接著，製作人會尋求適當的個人投資者或是贊助人（angels），通常他們都是喜愛表演藝術者。若從租稅抵減的角度，事實上，石油、房地產和職業運動經營可能更具吸引力。不過，若是從未來可能增值的角度，表演藝術可能更具有潛力。不過根據歷史資料顯示，表演藝術的投資報酬率通常遠低於二分之一。事實上，隨著當今製作成本大幅提高，相較於小型團體或是個人名義投資，更多的大型企業開始贊助表演藝術演出，它們不僅更能承擔風險，並且經常藉此作為企業的成果發表媒介。因此，表演藝術不必在一次演出之後，立即要求獲得投資

利潤。

　除此之外，表演藝術的資金籌措方式，有時會透過出售製作公司的股票，有時則以未來的市場價值和版稅收入。以美國百老匯為例，主要劇場如 Shubert Organization、Nederlander Organization 和 Jujamcyn 的擁有者可能也會擔任製作人。其他投資者可能也包括劇場導演、主角以及個人劇場的擁有者。然而，表演藝術的製作控制權限，在製作人和劇場擁有人之間界定非常明確。例如，製作人負責選定戲劇、控制作品的藝術性、提高投資獲利、聘用導演和工作人員、負責薪資和服裝和佈景花費，除此之外，有些事他則完全無法掌控。不過，強勢製作人有時會有一份可以完全掌握作品行銷的合約。但是決策者通常還是劇場擁有人，他負責決定票價和安排演奏家，其他包括承擔部分廣告支出、提供公關戲票給經紀商，尤其是他能完全掌控票房。

　一般而言，劇場擁有人可以抽取每週票房收入的一定比率，他可以完美地掌握全劇的演出時間，因此，他個人的偏好扮演著非常關鍵的角色。通常合約中會載明當每週收入低於預期水準時，劇場擁有人可以拒絕表演繼續進行。因此，曾有票房人員奉命以客滿為由，拒絕繼續售票。無論如何，表演藝術的市場經營非常不易，以百老匯為例，圖 11.1 顯示每週經營成本 10 萬美元的票房收入的利潤變化。假設平均票價 30 美元，座位數 500 個，作品並未獲得電影或是有線電視系統等其他額外授權收入。如果每週表演 8 場，平均購票率需要達到 83.3%（417 個座位），如果低於此一水準就會出現虧損。然而，一般情況經常等於或是低於 70%。

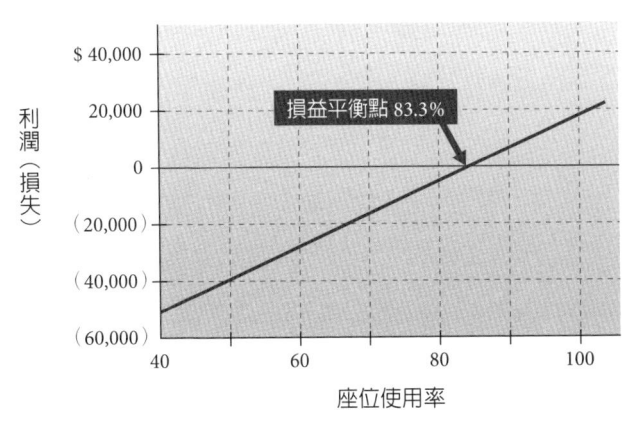

圖 11.1　票房損益平衡點

經濟觀點

從經濟的角度分析表演藝術,可以從組織特色、需求彈性、差別訂價、外部性以及行銷策略等切入。

組織特色

表演藝術等創意活動普遍具有下列特性:

- 不確定性的需求,沒有人知道消費者將如何看待新的作品。
- 非制式化的工作,創作者只在意作品。
- 需要多樣化的人才,例如,百老匯音樂劇或是電影。
- 創作者和作品分為垂直和水平兩類,前者是作品的優劣關係,

後者是作品的雷同關係，但不完全相同。
- 透過微小的變化，展現創作的多樣化，例如，畫作。
- 版稅收入經常是長期累積之後再行付款。

基於上述特性，少數大型企業經常需要整合許多小型獨立創意公司，另外，由於不同創作階段的成本固定，甚至具有沉沒成本的屬性，因此，選擇權契約也在創意產業中逐漸流行。

需求彈性

多數研究顯示，表演藝術需求缺乏價格彈性，意即消費者對於表演藝術的價格變化不敏感，更直白的說，當價格上升時不會造成需求的下降。另外實證結果也顯示，表演藝術的所得彈性大約是一，意即當所得增加投入，對於表演藝術和文化活動的需求也會隨著增加。

差別訂價

不同的觀眾擁有不同的需求彈性，獨占者可以透過差別訂價策略，意指不同的觀眾支付不同的價格，藉此極大化票房收入。因此，製作人必須去除所謂的消費者剩餘，意即消費者實際付出和期望付出的價格差距。

圖 11.2 指出，q_1 是賣給消費者的劇場座位數量，q_2 是使用折價券和觀光客的票券數量。劇場收入總額是 $p_2 q_2 + (p_1 - p_2) q_1$。若以較低的價格 p_2 將所有的座位出售，則收入是 $p_2 q_2$，用 p_1 價格售出可以得到 $p_1 q_1$。差別訂價之下總體收入要比固定價格更高。

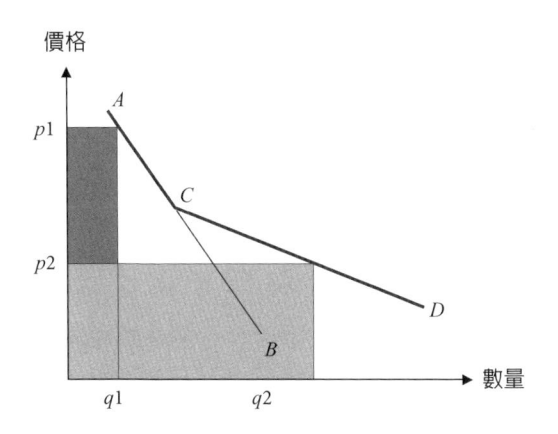

圖 11.2　差別訂價和消費者剩餘

外部性 [30]

根據經濟學理論，藝術品本身不是一項公共財，公共財必要且充分的條件是：它可以被完全地共同消費。但是若根據排他原則[31]（exclusion principles），雖然公共財可以被完全地共同消費，但是它也可以分開提供給不同的消費者。例如，出席一項藝術活動，可以分開提供給不同的消費者，意即排他原則同樣適用於藝術品。然而，藝術品的獨特外部性愈是明顯，通常也愈能滿足特殊偏好的消費族群。

---

[30] 外部性（externality）分為正外部性和負外部性。前者是某人的行為或活動使他人或社會受益，但是他人卻無須付出代價；後者是某人的行為或活動使他人或社會受損，但是某人卻無須額外承擔成本。正外部性如私人花園飄香，路人享受但不必付費；負外部性如鄰居噪音干擾他人休息。

[31] 排他原則是指一個人消費某一項產品時，另一個人就不能同時消費這一項產品，一種「非排他性」的對稱。

第十一章　表演藝術產業

行銷策略

　　以百老匯為例，表演藝術本質上就是商業性的文化產品，若要衡量一齣表演劇目是否成功，主要仍在於評估其總體獲利。事實上，任何一齣表演劇目在演出之前半年即開始行銷，投入的金額可能是總投資的兩成。一些製作規模龐大的戲劇，甚至需要對於劇場進行大規模的重整與裝修，也因此經常將劇場弄得面目全非，只能上演自己的劇目，等到下一個劇目進場得再重來一次。因此，任何一齣劇目的獲利回收途徑，除了票房之外，包括賣出或是出租演出版權，或是轉讓電影版權等都是重要的策略，其他包括銷售紀念品、畫刊和光碟等等。無論如何，為了創造最大的觀眾吸引力，其他策略包括禁止觀眾現場錄音錄影，即便演出後記者也不得開機拍攝，以及舉辦免費音樂會和兒童之夜等，至於攜眷和小孩的家長還可以享受系列優惠服務，包括用餐或是停車等服務。

　　總的來說，表演藝術的演出長度一直是票房成功與否的關鍵。易言之，面對這個無法轉型的勞動密集產業，只有儘量延長文本的重複銷售時間，或說將表演者或是勞動者儘可能地變成可以不斷複製的產品，如此才有可能獲利。當然如果觀眾不買單也沒用，因此，應充分掌握觀眾的反應和票房情況，了解上演的節目是否契合觀眾的需求。如果劇目非常精彩，觀眾就會自動上門。畢竟劇院就像是逃避現實生活的場域，生活愈是艱困，觀眾愈是進場。最後，若是將表演藝術、都市規劃、觀光發展與藝術園區等議題一併思考，我們可以說，表演藝術不只是一種藝術作品，也是一種旅遊產品，同樣地，藝術園區也不是獨立存在，它可以透過表演藝術形成產業，藉此帶動都市和區域經濟發展。

第十二章

主題樂園產業

1995 年,全球知名主題樂園迪士尼誕生,它成功吸引了全球各地的遊客造訪。隨後這種樂園模式被大量複製,並且在世界各地快速成長。然而,無論是哪一種主題定位,樂園創造了一個虛擬的夢境,自成一個相對於真實的世界,重點是讓人不懷念真實,讓人透過夢境找到真實!

歷史脈絡

以噴泉和花園為主的遊樂園概念,源自於十七世紀的法國,隨後風行於歐洲,例如,1661 年的英國倫敦 Vauxhall 花園。十八世紀則是加入了馬戲團節目,包括高空鞦韆、吊繩和熱氣球。1873 年,維也納 Prater 露天遊樂園增加了機械式遊樂設施,當時引起廣泛熱烈的反應,曾經有人如此描述:幾座歐洲戶外娛樂中心,已經超過三百多年歷史,這些大型遊樂園提供的節目和遊樂設施,充滿時尚性和吸引力,像是馬戲團帳篷底下遊走鋼索的特技美女、表演吊環雜耍的雜技演員,讓人魅惑,讓人驚嘆。其他還包括高空氣球和跳傘表演,都讓觀眾彷彿掉進了中古世紀的魔幻世界。

美國遊樂園則是開始於十八世紀，最初只是在園內搭建輕軌電車和花園。直到 1893 年，美國芝加哥舉辦哥倫比亞博覽會，首開美國遊樂園新頁。隨後包括增加餐飲服務和遊園車等設施，類似樂園迅速在美國紐約魯林區康尼島風行。1920 年代，美國當時的主題樂園高達 1500 多家，不過後來受到經濟大蕭條的影響，如同其他產業發展一樣，包括電影、電視和汽車，隨著內陸城市經濟沒落而逐漸衰敗。

時間回到主題樂園之父──華德迪士尼（Walt Disney），早期是一位知名動畫家，後來成為知名的電影製片人。由於他非常喜歡小孩，但是遺憾當時並沒有一處能為家人與小孩帶來歡樂的乾淨公園。1843 年，當他親訪丹麥哥本哈根知名的 Tivoli 花園，挑起了他想要複製一座類似花園的想法。

最初，迪士尼將內含數個主題區域的遊樂園計畫，向一群冥頑勢利的銀行家爭取支持，不過最終仍然失敗。最後他結合了多項融資策略，包括利用人壽保險融貸、銷售專利權以及販售 34% 股權給剛成立的美國廣播公司（American Broadcasting Company, ABC）。1955 年，終於打響了加州 Anaheim 迪士尼樂園的知名度。隨後迪士尼大獲成功並且積極擴張。1960 年代後期，許多大型上市公司也開始投入。1971 年，迪士尼投資 30 億美元在佛羅里達州沼澤地，建造了目前的迪士尼世界總部。

二十世紀初期，美國主題樂園產業由 30 幾家主要公司和小型企業組成，年產值達到 150 億美元，遊客人數超過 1 億 5 千萬人。事實上，定點娛樂（location-based entertainment, LBE）是主題樂園的重要經營概念，透過美好的園區輻射出一種讓人想望的魔力。隨著科技、設計

與行銷發展,這種美式定點娛樂的概念在二十世紀後期,已經被廣泛推廣到歐洲與全球各地,詳如表 12.1。

營運特色

建造一座主題樂園就像是建造一座小城市,街道必須隨時保持乾淨,偶爾進行全面整修,完整的下水道和衛生系統,訓練有素與快速機動的警察、防火與醫療照護系統。主題樂園有時也會發行自己內部流通的套票、交通系統、大型購物商圈、旅館和汽車保養設施等。

由於主題樂園週期性的遊客和快速多變的天氣,因此,非常仰賴大量無技術性和高流動率的週期性員工。要試圖改變這些既定的影響變數,並且持續提高獲利並不容易。一般而言,主題樂園的利潤績效並不穩定,例如,今年可能受到高油價的影響,明年可能受到夏季高溫異常、週末春雨,以及其他競爭要素和突發事件的影響。不過,無論環境如何多變,遊樂園與航空和飯店經營具有相同的特性。特別是在勞動、電力、保險等費用相對固定之下,遊樂園一旦達到收支平衡,每增加一張門票收入都能創造極高的獲利。

若要保持遊客對於主題樂園的長期吸引力,必須降低衝動性消費,延展遊客初訪的美好感動。事實上,影響主題樂園的兩項重要變數包括:累積遊客人數,意即平均每天遊客人數乘上年度營業天數;以及平均消費支出。例如,天候因素導致主題樂園全年營運只有 100 天,如果平均每天遊客人數 25,000 人,平均消費支出包括門票和各種遊戲費用、餐飲和紀念品消費,合計大約 20 美元。表 12.2 欄位 A 顯示相

表 12.1　全球主要的主題樂園

括號內數字表示開幕日期

北美	歐洲	其他
佛州環球影城[1]（1990）	西班牙 Port Aventura 樂園（1995）	大阪環球影城（2001）
加拿大多倫多奇幻樂園（1981）	巴黎迪士尼樂園（1992）	南韓樂天世界（1989）
伊利諾州大美國六旗樂園（1976）	法國 Asterix 主題樂園（1989）	東京迪士尼樂園[4]（1983）
維吉尼亞州布希公園（1975）	英國 Thorpe 公園（1979）	
維吉尼亞州 King Dominion 樂園（1975）	德國 Europa 公園（1975）	
佛州海洋世界（1973）	荷蘭 De Efteling 樂園（1951）	
紐澤西州六旗樂園大冒險（1973）	荷蘭 Duinrell 樂園（1935）	
俄亥俄州國王島（1972）	英國 Alton Towers 主題樂園（1924）	
佛州迪士尼世界[2]（1971）	瑞典 Lisberg 公園（1923）	
六旗樂園/魔幻山（1971）	瑞典 Grona Lund 樂園（1883）	
喬治亞州六旗樂園（1967）	丹麥 Tivoli 公園（1843）	
加州環球影城之旅（1964）		
加州海洋世界（1963）		
德州六旗樂園（1961）		
佛州布希公園（1959）		
加州迪士尼樂園[3]（1955）		
加州 Knotts 草莓樂園（1940）		
賓州 Hershey 樂園（1907）		
俄亥俄州 Cedar Point 樂園（1870）		

註：[1] 包括環球影城和冒險島；[2] 包括奇異王國、迪士尼－MGM 影城、EPCOT 和動物王國；[3] 包括迪士尼樂園和迪士尼加州冒險王國；[4] 包括東京迪士尼和迪士尼海洋公園。

對固定的營業費用為 3,000 萬美元,因此獲利為 2,000 萬美元。

如果每天遊客人數成長 20% 達到 3 萬人,當營業費用不變,獲利成長 50% 將可達到 3,000 萬美元,如欄位 B。如果平均每日遊客人數不變,平均消費支出成長 20%,如欄位 C,獲利一樣成長 50%。如果平均消費支出和平均每天遊客人數都成長 20%,如欄位 D,獲利可以達到 4,200 萬美元,相較於欄位 A,成長率超過 110%。

表 12.2　主題樂園營運分析

單位:天/美元	A	B	C	D
平均每天遊客人數	25,000	30,000	25,000	30,000
累計遊客人數	2,500,000	3,000,000	2,500,000	3000,000
平均消費支出	20	20	24	24
年度收入總額	50,000,000	60,000,000	60,000,000	72,000,000
營業費用	30,000,000	30,000,000	30,000,000	30,000,000
營業利潤	20,000,000	30,000,000	30,000,000	42,000,000

實質上,營業費用將與遊客人數同時上揚,而平均消費支出也會因為遊客人數接近最大容量而減少,主因在於過度擁擠導致人群無法移動。因此,獲利水準不會和上述案例一樣。不過,由於經營槓桿發揮作用,無論兩項因素如何變動,最終都能獲得實質績效。

遊客人數和平均消費支出兩項因素,對於獲利都會造成顯著影響。因此,主題樂園管理者必須衡量不同投入因素之間的消長,儘量不讓負面因素產生。許多有效的數學模型可以用來提高主題樂園營收,例

如，線性規劃、生產函數與排隊等候預測系統等。無論如何，平均每天遊客人數會受到天氣、排隊購票時間，以及價格彈性等因素影響，因此，主題樂園可以比照工廠生產模式建立和進行測試。

綜合言之，主題樂園經營績效取決於地理區位、天氣型態、季節遊客人數、人口統計和所得收入，以及龐大的資本投入等因素。因此，要建立一個主題樂園典範並不容易，畢竟不同公園之間存在極大差異。

資產評價

不動產是所有主題樂園的關鍵資產，通常它們具有長期性投資報酬，甚至可能超過年度平均營運報酬率（average annual returns, AAR），而且除了投入於主題樂園經營之外，不動產還包括其他開發用途，包括住宅、辦公與製片廠或是上述綜合使用。如果主題樂園位於人口持續成長的地區，例如，位於美國洛杉磯南方的迪士尼樂園，或是樂園本身發展潛能足以促進附近區域的人口成長，例如，美國奧蘭多近郊的迪士尼世界，這種不動產的增值都能抑制未來通貨膨脹。基於主題樂園的長期營運特性，許多財務評價方法同樣適用。例如，主題樂園的資產評價可以利用未扣利息支出、攤銷及稅負的收入（EBITDA）乘數加以計算，通常上述乘數與利率呈反比。至於其他影響現金流量乘數的因素包括：

- 主題樂園的設施年限、狀況和吸引力
- 鄰近區域的人口統計和收入變化趨勢

- 園區交通發展和遊客容量潛力
- 票價提高與平均消費支出潛力
- 園區附近交通運輸的發展願景
- 其他具相同吸引力的鄰近因素

一般而言，如果以現金流量乘數作為基礎，公開市場評價通常會低於私募市場。而地理區位較佳的主題樂園，通常也會吸引融資收購（leveraged buy-outs, LBO）的大型買家，至於融資收購的資金百分比，則是取決於主題樂園的現金流量保證。

第十三章

時尚奢華產業[32]

長期以來,時尚奢華產品遭到各界的嚴厲批判。一方面,時尚奢華產品被視為是有錢人用來炫耀的昂貴垃圾,另一方面,時尚奢華產品被視為是一種向社會展現能力的象徵。時尚奢華滿足人們的,除了產品本身之外,讓人有幸進入這個獨特的購買體驗,可能才是最重要的關鍵。

📍 歷史脈絡

儘管許多學者試圖定義時尚和奢華,然而迄今仍然眾說紛紜,包括強調美學、炫耀、傳統、考究或是優雅。事實上無論是時尚或是奢華,涵意都甚廣且都非常主觀,它會隨著時間和空間產生變化。在現代消費社會中,時尚與奢華產品無所不在,舉凡服飾、配件、珠寶、手錶、香水、跑車和遊艇都是。這些產品和品牌的主要特徵,包括高品質、數量少、價格高以及非必需。當今法國和義大利執全球時尚與奢華產品市場牛耳。義大利代表著藝術氣息,法國則是代表著享樂主義。當今義大利幾乎完全支配全球時裝產業,包括 Armani、Gucci、

---

[32] 拉斯特拉德(2010),《未來你一定要知道的一百個超級趨勢》,台北:財信出版。

Prada、Max Mara等知名品牌都是系出義大利,其他包括法拉利和藍寶尼堅等頂級跑車,甚至許多葡萄酒佳釀也都由義大利引領全球風尚。至於法國則是主導全球皮革產業的時尚奢華,法國擁有的超級品牌包括香奈兒(Chanel)、愛馬仕(Hermès)和路易威登(Louis Vuitton)。無論如何,時尚與奢華的演變都在兩國的歷史中扮演重要的角色。

事實上,從史前時代具有裝飾功能的物件開始,人類的時尚與奢華產品發展歷經了許多階段,包括古代的享樂哲學,中世紀的宗教尊崇,十六世紀的文藝復興,十七世紀的王室奢華,十八世紀的哲學辯證,十九世紀的資產階級品味,以及二十世紀的創新與民主。過程中相當長的歷史發展,奢華品的享用與生活方式皆由男性主導,並且飽受詬病。直到十八世紀,奢華品的女性主義趨勢興起,加上大眾毫不掩飾對於奢華品喜愛與多元辯證,於是十九世紀初,法國相繼誕生了愛馬仕、路易威登、卡地亞和香奈兒等知名品牌。品牌的建構更賦予奢華品精緻工藝、美學距離、創新設計、文化底蘊和悠久歷史等嶄新意涵。品牌的崛起更進一步強化了法國在奢華產業的競爭優勢。不同品牌的寡占連結促使產業更朝向集團化發展。直到進入二十世紀,奢華與時尚相互融合成為現代消費標誌。時尚產業更是結合了所有的奢華品牌,系列產品更滿足了不同社會階層的不同需求,尤其是對於女性消費的影響,女性對於特定穿著和行為的讚美與流行模仿。以法國為例,每個年代都有代表性的女裝風尚,例如,二十世紀初的無襯裙,1930年代的優雅回歸,1940年代的致敬好萊塢,1950年代的新裝扮,1960年代的迷你裙,1970年代的雅緻純粹,以及1990年代的自由復古。種種的社會時尚趨勢,都讓包

括羅蘭巴特和布爾迪厄等知名社會學者，投入思辯奢華、時尚與文化的議題。

第二次世界大戰以後，奢華產業的發展遍及全球各地。不過，歐洲依然是全球最大的市場，單就法國一地就占有全球市場的三分之一，其他市場還包括擁有強大購買力的美國以及日本。然而，二十世紀後期，隨著全球經濟危機導致市場出現停滯，於是各大奢華品牌紛紛轉進亞洲、中東以及拉丁美洲等新興市場。在此同時，市場氾濫的仿冒品以及快速時尚品牌，也為產業競爭帶來明顯的衝擊。

再從全球的角度出發，事實上奢華文化都曾盛極於古埃及、中國、羅馬及其他主要帝國。隨後一直到十九世紀初期，奢華文化才真正成為一種歐洲現象，並且逐漸擴散到美國。直到第二次世界大戰之後，這種文化才消寂了一段時間，一直到日本的經濟強勢崛起，過度追逐消費更形成當今產業瘋狂的局面，這種趨勢一直延續至今。目前包括中國、香港、台灣、俄羅斯、拉丁美洲、中東、印度以及許多亞洲新興市場的中產階級，無不渴望購買最頂級、最昂貴的時尚奢華產品。展望未來，各國的經濟與財富所得勢必提高，時尚奢華產品的需求也將更進一步的成長。

事實上，時尚奢華產品的市場規模並不大，若以廣義的範疇來看，時尚奢華可以包括珠寶與鐘錶、時尚服飾與皮革、香水與化妝品、烈酒與香檳、跑車與遊艇等等，全部的產值其實還不到全球 GDP 的 1%。然而，時尚奢華產品的市場利潤極為豐厚，歷來成長速度驚人且高於總體經濟發展。以知名的路易威登為例，1977 年時，它還只是兩家工坊的小型家族企業，目前年營業額已經超過一千萬美元。根據國際品

牌評價公司調查,該公司的品牌價值已經高達二百億美元。質言之,品牌價值不只是在衡量品牌的無形吸引力,而是衡量未來可以創造多少現金流量現值。表 13.1 詳列全球重要的時尚奢華品牌與品牌價值。

表 13.1　全球百大品牌之時尚奢華品牌

括號內數字表示全球品牌排名

品牌	品牌價值(億美元)
路易威登 LV, Louis Vuitton(16)	210
Gucci(41)	80
Zara(50)	70
香奈兒 Chanel(59)	60
勞力士 Rolex(68)	50
愛馬仕 Hermès(70)	50
保時捷 Porsche(74)	0
蒂芬尼 Tiffany & Co(76)	40
卡地亞 Cartier(77)	40
Prada(87)	40
法拉利(88)	40
Armani(89)	40
Lancôme(91)	30

然而,時尚奢華產品究竟如何定義?有人說,時尚奢華是有錢人用來炫耀的昂貴垃圾。事實上,時尚、奢華與藝術之間仍然存在許多差異。例如,奢華品通常是買來自用並且價值昂貴,以產品為中心

（product-centric）的奢華品消費，突顯的是對於工藝及其象徵年代的一種肯定。時尚品則是買來給別人用的，價值通常很快就會減損。時尚如同是一個集體劇場，人人都可置身其中參與演出。時尚就像是讓與大自然失去聯繫的都市人，可以透過不斷的流行更替，來滿足與抵銷都市化產生的負面效應。至於藝術品可以是一時風尚，也可以是一種永恆。它是純粹的情感表達，以及美學的展現。

儘管如此，它們之間仍然存在一項共同特質——感動。本書以時尚奢華作為描述類似產業的代名詞，代表同時匯聚時尚、奢華和藝術的意涵。因此，包括客製化的限量品牌包、限量版珠寶、手錶與跑車，其他包括建築與室內設計也都具有這項產業特色。總的來說，我們定義時尚奢華是一種向社會展現能力的一種產品。

經濟觀點

從經濟角度分析時尚奢華產業，可以從核心價值、供需市場、品牌效應以及價格策略等切入。

核心價值

當人們付出愈多的金錢購買，時尚奢華產品在人們心中的價值就會愈高。價格不只是一種標價的符號，價格也是時尚奢華的一部分。時尚奢華產品具有傳遞獨特訊息的功能。例如，贈送名牌香水和名牌包給他人，送禮者的潛台詞就是在告訴收禮者，你就像是這瓶香水和

這款名牌包一樣的美麗。傳達這樣的獨特訊息，就像是藝術品一樣，永遠不與他人比較，永遠是獨一無二。就像我們永遠不會拿畢卡索的作品和梵谷的作品相比，也不會拿他們的畫作尺寸和畫作成本來比，更不會拿誰的顏料色彩更為鮮豔來比。總之，因為時尚奢華的獨特象徵，所以它們的廣告不會和別人並列，因此經常採取跨頁廣告，它們的產品也不會和其他產品並列銷售，通常只會透過自己的專櫃專賣。

國際化是時尚奢華的另一個價值，人們都希望自己擁有的產品是全球暢銷。弔詭的是，它的另外一個最重要元素卻是傳統，一種悠久歷史的傳統和美好年代的想像，或者至少是來自於一個製造這種奢華產品的傳統社會。也就是說，時尚奢華產品一定要在原產地製造，而文化歷史是其夢想的根源。因此，目前全球眾多的奢華品品牌，絕大多數都是來自於歐洲。

最後，時尚奢華產品的獨特還包括它的購買過程，一種獨特的體驗。一般而言，時尚奢華產品的專賣門市經常如同藝廊一樣，每一件產品都擁有自己獨特的展示空間，展示過程中不會有人向你促銷，因為時尚奢華的地位永遠高於客戶的地位。簡言之，是客戶在追逐產品，而不是產品在追求客戶。否則，它就不叫作時尚奢華產品。總的來說，時尚奢華的獨特性可以來自於外觀、感覺或是味道，甚至是一種變老的模樣。消費者經常認為自己與這樣的精緻傳統相連。因此，時尚奢華經常是愈傳統愈值錢。如同路易威登的舊款行李箱、百達翡麗的舊式手錶，經過多年之後，價值經常會比初次銷售的價格還高，代表一種美好年代與傳統變老的增值。

供需市場

時尚奢華產業是一個以產品供給為導向的市場,也就是說,產品的地位永遠高於客戶的地位,市場上的供給量永遠小於期望的需求量。例如,許多人一直在等待他們的愛馬仕、柏金包[33]和凱莉包[34]。甚至許多東方婦女也讓她們的新生女嬰加入排隊購包的行列。時尚奢華產品畢竟不是一項必需品,因此,漫長的排隊等候購買非常合理。就像是男人會等待著橡木桶裡的陳年威士忌成熟,時尚奢華產品也會傳達類似的等待訊息,無論需要多久的生產過程和時間,等待是一種必要的美學。

另外,如同藝術市場裡的好客戶一樣,時尚奢華產品的買家也不會輕易將東西立即轉賣,如此才能得到公司的青睞,也才有機會獲得下一次搶購的貴賓通知。畢竟時尚奢華市場就是希望將產量維持在低於需求的水準,因此,公司會推出衍生副牌或是限量版產品,但也只限於提供給優質客戶,重點是人們一樣需要耐心等候。時尚奢華就是在培養這種獨特的長期交易關係。無論如何,隨著全球經濟與財富增加,人們投入於時尚奢華的消費也將大幅提升。

儘管供給導向是時尚奢華市場的特色,但是未必人人皆可扮演最佳的供給者角色。一般而言,時尚奢華產品的供給者必須具備下列條

---

[33] 1984 年,愛馬仕公司為英國歌手珍柏金(Jane Birkin)設計一款專屬的手提包並以她命名。柏金包代表一種奢華文化。除了珍柏金本人,法國前第一夫人卡拉布魯尼、足球金童貝克漢之妻維多莉亞,還有紐約第一名媛奧莉維亞巴勒莫,都是愛用柏金包的名人。

[34] 1935 年,愛馬仕公司發佈一款 Sac A Croix 馬鞍袋,但是始終不受關注。1956 年,摩納哥王妃葛莉絲凱莉拎著這款大尺碼皮製包為《生活》雜誌拍攝封面,半掩懷孕身軀流露出的嫵媚,掀起極大熱潮。自此,愛馬仕為這款包命名凱莉包(Kelly bag)。

件:一、擁有知名的名牌;二、擁有悠久的歷史;三、製造地點擁有深厚的工藝傳統。因此,時尚奢華供給迄今仍然由既有的歐洲國際品牌主導,這些品牌目前仍然維持供給不足的策略。

品牌效應

如同前言提到,事實上,時尚奢華產品的市場規模不大,但是利潤卻非常豐厚,產業具有獨特的運作機制。易言之,只要時尚奢華產品的經營策略奏效,在行銷上就會發揮極大的品牌效應。品牌可以產生何種龐大力量,試舉一個有趣的案例,我們稱為安慰劑效應(placebo effect)。某次在藝廊展出的畫作中,有一幅被宣稱是某位知名畫家的創作,這幅畫作果真立即獲得市場一致好評,某位評論員更是寫道,這一幅畫作的構圖不可思議,筆觸充滿熱情活力,創作者的藝術表演,就像是現代舞一樣的優美。實情是,這一幅畫其實是某一個動物園裡一隻叫布希亞的猩猩所畫。

事實上,時尚奢華產品如同藝術品一樣,如果無法成為一個知名名牌,產品就會一文不值。但是如果成了名牌,就算是無趣的垃圾,大眾一樣趨之若鶩地追逐。簡言之,時尚奢華的品牌策略必須具備下列思維:時尚奢華品牌必須具備國際性,由於品牌經營必須投入相當的固定成本,因此,一旦跨過了規模門檻,時尚奢華產品的獲利就會快速出現報酬遞增的現象。

價格策略

時尚奢華產品如何訂價非常重要。一般而言,時尚奢華產品很少

宣傳產品價格。因為詢價者經常不是潛在客戶。換個角度，如果時尚奢華產品強調價格，那麼它們的真正目的不是在突顯產品如何低廉，而是在強調如何昂貴。就像是藝術品拍賣市場一樣，拍賣會後宣傳的必定是最昂貴的成交價格，而不是未達到祕密底價而流標的作品。即便上述流標作品最後被私下洽購賣出，但是這些令人沮喪的價格也不會被宣揚出去。因此，在廣告或是公關文宣中標示的價格，永遠是最昂貴的產品和價格，目的只有一個，周知潛在的客戶，作品有多獨特，不立即擁有非常可惜。

簡言之，時尚奢華產品的價格策略只有一個，那就是永遠不讓價格下跌。真正的時尚奢華是不減價也不促銷的。能賣多貴就賣多貴。如果你繼續觀望，結果只有一個，那就下次會買到更貴的產品。因此，買不買隨便你！

總的來說，時尚奢華滿足人們的，除了產品本身之外，讓人有幸進入這個獨特的購買體驗，可能才是關鍵。最後，儘管時尚奢華長期以來遭到各界的批判。然而，如同藝術、音樂、表演藝術與職業運動一樣，時尚奢華不過是人們對於追求一種獨特美學與感動的具體表現。

延伸閱讀

Alan Riding (1999). French Comic Book Heroes Battle Hollywood's Hordes. *New York Times*, 10 February 10: E2.

Alberto Manguel (2008). *The City of Words*. House of Anansi Press.

Anderson, R. I., Fok, R., and Scott, J. (2000). Hotel industry efficiency: An advanced linear programming examination. *American Business Review*. 18(1), 40-48.

Association Casino Australian (2008). *The Australian Casino Industry Economic Report 2006-2007*.

Barros, C. P. (2005). Measuring efficiency in the hotel sector. *Annals of Tourism Research*, Vol. 32, No. 2, 456-477.

Barros, C. P. and Alves, F. P. (2004) Productivity in the tourism industry. *International Advances in Economic Research*, Vol. 10, No.3, 215-225.

Berger, A. J. and Bruning, N. (1979). *Lady Luck's Companion*, Harper & Row, 257-260.

Bernstein, B. (1990). Codes, Modalities and the Process of Cultural Reproduction, in Chris Jenks (ed.), *Culture: Critical Concepts in Sociology*, Vol. 3. London: Routledge. 100-144.

Blakely, T. L. and Dattilo, J. (1993). An exploratory study of leisure motivation patterns of adults with alcohol and drug addictions. *Therapeutic recreation journal* Alexandria-Va, 27(4), 230-238.

Bocock, Robert (1993). *Consumption*. London: Routledge.

Braunlich et al. (1999). A Profile of the Casino Resort Vacationer. *Journal of Travel Research*, Vol. 35, No. 2, 55-61

Bywater, T. and Sobchack, T. (1989). *An introduction to film criticism: Major critical approaches to narrative film*. New York: Longman.

Cabot, A. N. (1996). The Regulation and Control of Casino Gaming, in University of Nevada, Las Vegas International Gaming Institute (eds.), *The Gaming Industry: Introduction and Perspective*. New York: John Wiley & Sons, Inc, 59-101.

Caves, R. E. (2000). *Creative Industries: Contracts between Art and Commerce*. Harvard University Press.

Chih-Kai Chen (2010). Application of Multidimensional Scaling on Culture Industry. *Journal of Statistics and Management Systems*, Vol. 14, No. 2, 315-339.

Chih-Kai Chen (2011). Intellectual Property Licensing and Value Creation of Culture Industry. *Journal of Information and Optimization Sciences*, Vol. 32, No. 4, 827-844.

Chih-Kai Chen (2011). Relation between the Releasing and the Domestic Rentals on the U.S. Major Film. *Journal of Discrete Mathematical Sciences & Cryptography*, Vol. 14, No. 6, 537-558.

Chih-Kai Chen (2012). Application of Hierarchical Linear Modeling on Structure and Performance in Culture Industry. *Journal of Statistics and Management Systems*, Vol. 15, No. 4-5, 435-455.

Chih-Kai Chen (2012). Hierarchical Linear Relationship between the U.S. Leisure and Entertainment Consumption. *Technology in Society*, Vol. 34, No. 1, 44-54.

Commission of the EC Audiovisual Policy of the European Union (1998). *The new era of the picture industry, television without frontiers, greater Europe in the year 2000*. Luxembourg: Office for Official Publications of the EC, 1998.

Crandall, R. (1980). Motivations for leisure. *Journal of Leisure Research*, Vol. 12, No. 1, 45-54.

De Grazia, S. (1962). *Of time, work, and leisure*. Garden City, NY: The Twentieth Century Fund.

Dennis McCallum (1996). *The Death of Truth: What's Wrong with Multiculturalism, the Rejection of Reason and the New Postmodern Diversity*. Bethany House.

DeSilva, I. (1998). *Consumer selection of motion pictures*. In B. R. Litman (Ed.), *The Motion Picture Mega-Industry*. Boston: Allyn and Bacon. 144-171.

DeVany, A. and Walls, D. (1996). Bose-Einstein dynamics and Adaptive Contracting in the Motion Picture Industry. *Economic Journal*, 106, 1493-1514.

Dunn, J. (1994). *Management of personnel: manpower management and organization behavior*. New York: McGraw-Hill Publications.

Eadington, W. R. (2000). *Trends 2000 Casinos and Tourism in the 21st Century*. Institute for the Study of Gambling and Commercial Gaming, University Of Nevada.

Findlay, J. (1986). *People of Chance: Gambling in American Society from Jamestown to Las Vegas*. New York: Oxford University Press.

Gladwell, M. (2006). *The Tipping Point: How Little Things Can Make a Big Difference*. Little Brown.

Gladwell, N. J. and Bedini L. A. (2004). In search of lost leisure: the impact of caregiving on leisure travel. *Tourism Management*, 25, 685–693.

Goldstein, P. (1994). *Copyright's highway : from Gutenberg to the celestial jukebox*. New York: Hill and Wang.

Goldstein, P. (2005). The big picture: In a losing race with the Zeitgeist. *Los Angeles Times*, November 22.

Guy Julier (2007). *The Culture of Design*. London: Sage.

Harden, B. and Swardson, A. (1996). You Bet! It's the New, $482 Billion Pastime; Legal Wagers Up 2,800 Percent Since 1974 Series: America's Gamble Series Number: 1/4. *The Washington Post*.

Hartley, R. F. (2003). *Management Mistakes and Successes*, 7e. John Wiley & Sons.

Helyar, J. (2003). A Team of Their Own. *Fortune*, 143(10), May 14.

Hesmomdhalgh, D. (2002). *The Cultural Industries*. London: Sage.

Hoskins, C. et al. (1997). *Global Television and Film*. New York: Oxford University Press, 121, 16

Hughes, K. P. (1995). Feminist pedagogy and feminist epistemology: An overview. *International Journal of lifelong education*, 14(3), 214-230.

Ignatin, G. and Smith, R. (1976). The economics of gambling. In W. R. Eadington (Ed.), *Gambling and Society* (pp. 69-91). Springfield, IL: Thomas.

Isenberg, J. P. and Jalongo, M. R. (1993). *Creative expression and play in the early childhood curriculum*. New York: Merrill.

Iso-Ahola, S. E. (1989). Motivation for leisure. In Jackson, E. L. and Burton, T. L. (Eds.), *Understanding Leisure and Recreation: Mapping the Past, Charting the Future*. State College, PA: Venture Publishing, Inc.

John Tomlinson (2007). *The Culture of Speed: The Coming of Immediacy*. London: Sage.

Jowett, G. and Linton, J. (1989). *Movies as mass communication*. New York: Sage.

Kabanoff, B. and O'Brien, G. E. (1986). Stress and the Leisure Needs and Activities of Different Occupations. *Hunan Relations*, 39(10), 903-916.

Kafka (2015). Retrieved from http://novelscape.net/wg/k/kafuka/index.html(王敏、周新建).

Kellner, D. (2000). Hollywood Film and Society. In J. Hill & P. C. Gibson(Eds.), *American Cinema and Hollywood* (pp. 128-136). New York: Oxford University Press.

Kelly, J. R. (1996). *Leisure, 3e*. Boston: Allyn and Bacon.

Kelly, J. R. (1996). Leisure and aging: A second agenda. *Society and Leisure*, 31(1), 145-167.

Kit White (2011). *101 things to learn in art school*. The MIT Press.

Kraus, R. (1990). *Recreation and Leisure in Modern Society*. New York: Harper Collins.

Linder, S. B. (1970). *The Harried Leisure Class*. NY: Columbia University Press.

Litman, B. R. (1983). Predicting success of theatrical movies: An empirical study. *Journal of Popular Culture*, 16, 159-179.

Litman, B. R. and Ahn, H. (1998). Predicting financial success of motion pictures: The '90s experience. In B. R. Litman (Ed.), *The motion picture mega-industry*(chap. 10, pp.172-197).

Louis Harris and Associates (1975). *The Myth and Reality of Aging in America*. Washington, D.C.: The National Council on the Aging, Inc.

Mike Featherstone (2005). *Consumer Culture and Postmodernism*, 2e. SAGE Publications Ltd.

Miranda, C. C., Maria Francesca, & Nijkamp, P. (2006). Efficiency and Productivity of Italian Tourist Destinations: A Quantitative Estimation Based on Data Envelopment Analysis and the Malmquist method. *Advances in Modern Tourism Research*, 325-343.

Nardone, J. M. (1982). Is the Movie Industry Countercyclical?. *Cycles*, Vol. 33, No. 7

Neulinger, J. (1981). *The psychology of leisure*. Springfield, IL: Charles C. Thomas.

Nevada Gaming Commission and State Gaming Control Board (2008). *Nevada Gaming Abstract 2008*, Retrieved September 9, 2009, from http://74.125.153.132/search?q=cache:NPMyC_HbnX8J:gaming.nv.gov/abstract_rpts.htm+Nevada+Gaming+Abstract&cd=1&hl=zh-TW&ct=clnk&gl=tw

Owen, John D. (1971). The Demand for Leisure. *Journal of Political Economy*, 79, 56-76.

Paul Ray (1989).*The Cultural Creatives: How 50 Million People are Changing the World*. New York: Harmony Books

Paul Virilio (2009). *Esthétique de la disparition*. LGF

Prag, J. and Casavant, J. (1994). An empirical study of the determinants of revenues and marketing in the motion picture industry. *Journal of Cultural Economics*, 18, 217-235.

Richard Appignanesi, and Chris Garratt (2005). *Introducing Postmodernism*, 3e. Naxos Audiobooks.

Ries, Al and Jack Trout (1981). *Positioning: the Battle for Your Mind*. McGraw-Hill.

Robert and G. Douglas (1985). *Film history: Theory and practice*. New York: Mcgraw-Hill.

Robert J. Barbera (2009). *The Cost of Capitalism: Understanding Market Mayhem and Stabilizing Our Economic Future*. McGraw-Hill.

Rose, I. N. (2006). Casinos on Cruise Ships, Why Not on Airplanes? *Gaming Law Review*, 10(6).

Sanders, P. (2006). Casinos Emerge as Winners in Wake of Hurricane Katrina. *Wall Street Journal*, August 3.

Scarne, J. (1974). *Scarne's new complete guide to gambling*. New York: Simon & Schuster.

Schwartz, D. G. (2006). *Roll the Bones: The History of Gambling*. New York: Gotham Books.

Searle, M. (1985). Socioeconomic variations in perceived barriers to recreation participation among would-be participants. *Leisure Sciences*, 7, 227-249.

Sedgwick, J. & Pokomy, M. (1998). The risk environment of film making: Warner brothers in the inter-war era. *Explorations in Economic History*, 35, 196-220.

Skolnick, J. H. (1978). *House of Cards: Legalization and Control of Casino Gambling*. Boston, Little Brown.

Sochay, S. (1994). Predicting the performance of motion pictures. *Journal of Media Economics*, Vol. 7, No. 4.

Stern, A. (1999). Reding Plans More Green for Distrib'n. *Variety*, 1-7 Novermber: 18.

Storey, J. (1999). *Cultural Consumption and Everyday Life*. London: Arnold.

Theiler, T. (1999). Viewers into Europeans? How the European Union tried to Europeanize the audiovisual sector and why it failed. *Canadian Journal of Communication*, 24(4), 557-587.

Throsby, D. (2001). *Economics and Culture*. Cambridge, UK: Cambridge University Press.

TIA (2000). *Profile of Travelers Who participate in Gambling*. Traveler Industry Association, Executive Summaries.1-5, 176

Tinsley, H. E. A. and Eldredge, B. D. (1995). Psychological benefits of leisure participation: A taxonomy of leisure activities based on their need-gratifying properties. *Journal of Counseling Psychology*, 42(2), 123-132.

Trumphour, J. (2002). *Selling Hollywood to the World: U.S. and European Struggles for Mastery of the Global Film Industry, 1920-1950*. New York: Cambridge University Press.

U.S. Department of Commerce. (2008). *Aggregate economic statistics relating to spending on recreational goods and services*, retrieved from http://www.commerce.gov/

Unger, L. S. and Kerman, J. B. (1983). On the Meaning of Leisure: An Investigation of Some

Determinants of the Subjective Experience. *Journal of Consumer Research*, Vol. 9, 381-392.

Veblen (1899). *The Theory of the Leisure Class*, Boston: Houghton Mifflin.

Virginia Postrel (2003). *The Substance of Style: How the Rise of Aesthetic Value is Remaking Commerce, Culture and Consciousness*. New York: Harper Collins Publishers.

Vogel (2007). *Entertainment Industry Economics*, 7e. Hal, UK: Cambridge University Press.

Wiley, C. F. E., Shaw, S. M., and Havitz, M. E. (2000). Men's and women's involvement in sports: An examination of the gendered aspects of leisure involvement. *Leisure Sciences*, 22, 19-31.

Wyatt, J. (1994). *High Concept: Movies and the Marketing In Hollywood*. Austin: University of Texas Press.

Yung-Teen Chiu and Chih-Kai Chen (2013). Application of the Hierarchical Linear Model on the Gambling Revenues Comparison between Las Vegas and Atlantic City. *Journal of Interdisciplinary Mathematics*, Vol. 16, No. 2-3, 97-116.

Yung-Teen Chiu & Chih-Kai Chen (2014). Hierarchical Causal Model of Intellectual Property and Licensing. *Journal of Information and Optimization Sciences*, Vol. 35, No. 3, 275-289.

Zimmerman, C. D. (1985). Quality: Key to Service Productivity. *Quality Progress*, June, 32-35.

Zuckerman, Ezra W. and Tai-Young Kim. (2003). The Critical Trade-Off: Identity Assignment and Box-Office Success in the Feature Film Industry. *Industrial and Corporate Change*, 12, 27-67.

Zygmunt Bauman (2005). *Work, Consumerism, and the New Poor*. McGraw-Hill.

Joseph Straubhaar, Robert LaRose, & Lucinda Davenport (2014). *Media Now: Understanding Media, Culture, and Technology*. Wadsworth, Cengage Learning.

Lars Tvede (2010) *Supertrends: Winning Investment Strategies for the Coming Decades*. John Wiley & Sons.

汪安民（2014），《文化研究關鍵詞》，台北：麥田。

拉斯特拉德（2010），《未來你一定要知道的一百個超級趨勢》，台北：財信出版。

林日璇等譯（2014），《認識媒體、文化與科技》，台北：雙葉。

邱詠婷（2013），《空凍》，台北：博雅書屋。

郭翠華（2012），《世界經典電影筆記》，台北：新銳文創。

陳智凱等編譯（2008），《娛樂經濟》，台北：五南。

陳智凱（2011），《後現代哄騙》，台北：博雅書屋。

陳智凱（2011），《娛樂——解構文創》，台北：藍海文化。

陳智凱（2006），《知識經濟》，台北：五南。

陳智凱（2010），《消費是一種翻譯》，台北：博雅書屋。

陳智凱、邱詠婷（2013），《消費——浪漫流刑》，台北：巨流。

陳智凱、邱詠婷（2014），《哄騙——精神分裂》，台北：巨流。

關鍵術語（依筆畫排序）

互補財（Complementary goods）：產品必須和另一項產品搭配才有用，例如，左鞋和右鞋就是完全互補。反之，人造黃油和奶油就是近似替代（close substitutes）。

內爆（Implosion）：是指與身體延伸相對立的意識延伸，前者是機械時代的外爆，後者是電力時代的內爆。

公共財（Public good）：一種生產成本與消費人數無關的財貨，意即某一個人的消費不會影響到其他人的消費。電視節目就是一種公共財，無論多少人閱聽都無法改變它的內容。相反地，私有財代表某一個人的消費會排擠其他人的消費。

分裂性（Entropy/fragmentation）：每一種媒體形式在成功導入之後，後續通常會再分裂成為幾個附屬結構、系列或是續集。

反盲目投標法（Anti-blind-bidding law）：禁止放映商在未見過電影之前被要求標下影片放映權。

文本（Texts）：指涉各種文化作品的一種集合名詞，包括影片、節目、書籍、唱片、報紙、雜誌和動畫等。

文學財產協議（Literary property agreement, LPA）：描述作者及版權所有者轉讓版權給製片商的協議。

文類（Genre）：用來描述不同媒體內容的風格和格式。

主流製片廠（Majors）：擁有電影製作和發行能力以及完整資料庫和製片設備者。

包廳（Four-wall）：發行商提供電影院與票房收入無關的每週定額票房租金收入。由於放映商收入已被確保沒有風險，發行商雖然承擔較大的風險，但也作了明確的定位，意即一旦放映的電影賣座，可以獲得最大的票房利潤。

卡特爾（Cartel）：市場中同一類型的組織彼此結盟進行寡占。

另類策略（Counter strategy）：推出完全不同的節目類型以吸引不同的閱聽觀眾。

市場占有率（Market share）：公司銷售額占總產業銷售額的比率，可以單位或是數量計算。

市場性（Marketability）：可以透過廣告促銷以最簡單方式行銷的電影。

未扣利息支出、攤銷及稅負的收入（Earnings before interest, taxes, depreciation and amortization, EBITDA）：通常被用來衡量現金流量。

本益比（Price to earnings ratio）或稱股價/淨值比：在特定時點的公司股價和年度每股獲利的比值。

生產力（Productivity）：每一單位勞動或是資本或是兩者同時，所能生產出來的產品或是服務的數量。例如，每一個人每一小時的汽車產出。產出和所有勞動和資本之間的比值，就是總體生產力。

交叉擔保（Cross-collateralization）：在電影和音樂的發行中，經常被要求在特定的國家或是區域，將某一部分的收益抵銷另一部分的損失，此舉明顯有利於發行商。

再現空間（A space of representation）：實踐者和環境之間具體鑲嵌的關係。

合約（Contract）：發行商授權放映商在特定時點放映電影的協議，內容包括衡量電影票房租金、播放時間長度、淨空及廣告條款等。

合約法（Contract method）：收入依照合約的執行程度加以認定。

合約淨利（Net profits）：毛利扣除發行費用、支出、負片成本及利潤分享之後的剩餘。

吊床策略（Hammocking strategy）：為了提高新節目的存活率，安排在兩個高收視率節目中間。

同步上映（Day and date release）：電影在特定市場由兩家或是以上的電影院同步上映（相同日期／相同期間）。

回溯性（Retrieval）：每一種媒體內容都能溯及另一種更早的媒體內容，例如，書籍被翻拍成為電影，電影又衍生出戲劇、音樂和線上遊戲等。

安慰劑效應（Placebo effect）：又稱偽藥效應，指雖然獲得無效的治療，但是卻相信治療有效且讓人感到舒緩。

收益（Returns）：投資資產或是股權所獲得的收入或是利潤。

收益率（Yield）：年度收益除以投資金額的比率。

收購協議（Acquisition deals）：發行商負擔發行費用，但是製作成本則由其他組織負責。

有線電視（Cable TV）：透過有線方式傳送訊號的電視系統，不同於傳統無線廣播電視。

有線電視系統業者（Multiple-system operator, MSO）：經營兩個或是兩個以上的有線電視系統業者。

次佳理論（Second-best theory）：當經濟受到某種程度的限制，為了接近柏拉圖最適狀態，可以選擇次佳方案的一種經濟理論。

免稅額（Tax deduction）：允許納稅人從課稅收入中直接扣除。

利潤（Profits）：扣除相關成本費用之後的收入剩餘。

均衡（Equilibrium）：代表一種經濟系統狀態，所有力量的綜合效應淨變化為零。

夾片制（Block booking）：任何一部電影的授權各自獨立，不同的電影院之間各自獨立，發行商的授權電影不得強制整併銷售，提供放映商更公平放映的機會。

完全競爭（Perfect competition）：市場存在生產許多同質產品但都無法影響市場價格的賣方。

投標（Bid）：放映商向發行商爭取在特定市場時點播放授權電影的一種書面申請，內容包括播放時間、淨空、保證、預付和票房租金及廣告條款等。

折舊（Depreciation）：固定資產因為腐蝕及老舊造成的價值減損，持續使用直到資產已無獲利空間並被完全耗盡。資產的年度折舊視其最初購買價格而定，其他包括使用年限及評估再用價值。折舊方法經常採用的是簡單直線法，意即資產成本除以資產使用年限，以此計算年度折舊成本。

每千人成本（Cost per mille, CPM）：廣告接觸千人閱聽者所需投入的成本。

辛迪加（Syndication）：媒體內容的租用和授權。

供給（Supply）：企業銷售產品和服務的能力和意願。

到期法（Billing method）：收入按照分期付款到期的方式加以認定。

定額制（Flat-fee）：放映商支付發行商固定費用購買特定時段放映權。

延展性（Extension）：媒體作為人類身體器官和感覺的延伸或是擴展，例如，電話、顯微鏡、望遠鏡、汽車等。

彼得堡矛盾（Petersburg paradox）：若投入遊戲的期望報酬是無限的，玩家應該願意付出無限的金額參與遊戲，但是事實上沒有任何人願意如此。

所得效用（Income effect）：因價格誘發改變所得的購買力，導致購買數量發生增減的比率。當產品價格下跌，在固定所得的情況之下，可以購買更多或是其他商品。相反地，當產品價格上漲，情況則是相反。透過無異曲線分析，可以從替代效用之中分離出所得效用。

放映性（Playability）：可以提高觀眾看完之後正面評價的電影。

明星體制（Star system）：電影公司利用明星受歡迎的程度來宣傳電影。

盲目投標（Blind bidding）：電影發行商慣用的行銷手法，發行商將未完成的電影周知放映商提出投標申請，爭取在特定市場播放授權電影。

直面策略（Head-to-head strategy）：在同一時段安排和競爭者相同類型的節目。

直接發行費用（Direct-distribution expense）：電影發行的相關支出，主要包括電影拷貝及廣告和宣傳成本。

空間再現（A representation of space）：用來指導社會實踐的構念模型。

空間的生產（The production of space）：強調社會空間是一種特殊的社會產品，社會生產的主導實踐方式，決定了他的空間生產方式與空間形式，主要包括下列三個構面：空間實踐、空間再現、再現空間。

空間實踐（Spactial pratice）：代表一種擴展的物質性環境。

阻礙策略（Stunting strategy）：包括改變節目的時段和長度、邀請知名的來賓和明星、安排特別節目或是另類宣傳，吸引觀眾離開或是中斷習慣閱聽的節目。

拷貝（Print）：從原作品複製出來作為電影上映之用。

負片成本（Negative cost）：製作一部電影所需的一切費用，包括設備（音場、影片室、剪輯室等）和原料（佈景搭建和未完成影片等）。一般而言，分為故事版權、拍攝、前製和後製等階段成本。至於負片成本攤銷（amortization of negative costs）則是將負片成本計入電影收入的一種會計流程。

負片提交協議（Negative pickup agreement）：發行商承諾在電影計畫完成之後，負責所有的發行及製作成本，意即購買原始負片及發行權利。

負債（Liabilities）：無論個人、合夥或是公司積欠其他人的債務金額。換個角度，代表擁有債權的個人或是公司具有貨幣求償的權利。負債分為短期或是長期負債、擔保或是無擔保負債。短期負債代表獲得清償的期間在一年以內。

重播（Make-good）：媒體重播一次廣告並且不再額外收費。一般而言，重播的價值等於或是大於最初約定的金額，藉此補償廣告商超出預期的收視落差。

風險（Risk）：投資者獲得投資收益和虧損的機率。收益代表承擔經濟不確定性風險下的報償。

首輪辛迪加（First-run syndication）：特別為辛迪加打造的租用或是授權，但是尚未於他處播放過的媒體內容。

套裝／負片提交（Package／negative pickups）：製片商或是代理商取得製片廠的履約完工保證債券（completion guarantee bond），放款銀行將會同意貸款給類似製片商，意即當電影完成之後，製片廠會提交這項負片。

效用（Utility）：產品或是服務滿足人們需求的程度。效用水準與消費數量不成等比。

特定市場區域（Designated market area）：當地電台擁有部分或是全部的主導優勢，類似Arbitron影響力優勢區域（area of dominant influence, ADI）。

特高頻（Very high frequency, VHF）：電視訊號在 30 到 300 兆赫間。

租金毛額（Gross rentals）：發行商和放映商協議票房收入分配的基礎，亦稱收入毛額（gross proceeds）。

租借發行協議（Rent-a-distributor deals）：所有製作和發行融資由其他人負擔，等到電影全部完成之後提交發行。

租稅扣抵（Tax credit）：允許納稅人從應付的所得稅額中直接減免。

逆轉性（Reversal）：每一種媒體形式發展到了極致時，其性質就會發生逆轉現象。例如，網際網路最初只是電腦的應用功能之一，最終反而逆轉成為電腦只是網際網路的一部分。

帳面價值（Book value, BV）：根據會計記錄評估出來的公司價值，計算方式是將資產減去負債，餘額即代表公司帳面價值。帳面價值總額亦稱淨資產。在公司財務報告中，帳面價值經常以每股方式表現，意即將公司帳面價值總額除以股票總數。

帶狀（Stripping）：通常在一週之內重播多次的舊片節目。

條款（Terms）：發行商同意放映商播放電影的條件，內容包括電影票房收入比率計算、播放時段（週數）、聯合廣告支出分配、淨空條款等。

淘汰性（Closure）：當某一種知覺經驗被強化，其他知覺就會被淡化或是退化，最終形成一種知覺平衡。

淨空（Clearance）：特定電影院要求在特定市場內擁有授權電影的獨占播放權。

現金流量（Cash flow）：收益和折舊備抵的總和。收益也稱保留盈餘，意指一種稅後及扣除股息支付的收入。毛現金流量包括總收益和折舊，淨現金流量則是保留盈餘加上折舊。

現金流量折現法（Discounted-cash-flow method）：一種衡量資本投資收益的方法。計畫的價值依照某一特定利率的未來總收益加以折現，這項方法考慮了金錢的時間價值，透過衡量計畫的報酬率決定是否被接受或拒絕。

產品分割（Product splitting）：相同區位的幾家電影院，彼此協商以消極方式競標中型發行商的特定電影，隨後各自輪流上映，藉此以較低費用取得強檔新片，降低電影投標的競爭性。

關鍵術語　　179

票房收入（Box-office receipts）：在電影院放映的收入總額。

逐步交易（Step deals）：融資者決定是否預付資金或是停止繼續參與，取決於先前各種假設條件是否仍然符合，例如，是否認可電影劇本或是演員卡司。

雪曼反托拉斯法（Sherman antitrust act）：1890年，美國聯邦法令規定，禁止任何限制交易和企圖達成獨占目的的契約，避免獨占阻礙市場自由競爭發展。

麥卡夫定律（Metcalfe's law）：適用於各種網絡，包括電腦、電話、大眾運輸系統，甚至與他人的溝通管道。假設網絡系統保持效率連結，價值函數 $V = aN+bN^2+c2^n$，其中，V 是價值，N 是用戶數，網絡價值是 N 的平方，其他皆為常數。

提交（Pickup）：全部或是部分完成電影之後，提交給製片廠融資者或是發行商，進一步取得資金和支援。

景氣循環（Business cycles）：景氣循環分為四個階段。擴張期間經濟活動達到最高點。持平期間經濟活動維持短期高點。緊縮期間經濟活動規模從高點下滑，持續觸及底部為止。復甦期間經濟活動持續在低點盤旋，隨後反彈上升達到先前市場景氣水準。

最適條件（Paretian optimum）：可以讓某一個人選擇投入一個偏好的社會定位，但是同時不會造成另一人的社會定位惡化。易言之，如何透過改變產品的生產或是交易，提升某一個人的福利而不會造成其他人的損害，詳見「次佳理論」。

棋盤策略（Checkerboard strategy）：為了提高新節目的存活率，在帶狀策略基礎上，在特定時段輪調節目。

無需求彈性（Inelastic demand; inelasticity）：無論產品的價格如何變化，產品的需求量不會有任何改變。當產品需求無彈性，較大的價格變動只會引起極小的需求量增加。利用購買數量的百分比變化除上價格變化的百分比，可以算出需求彈性。

發行量（Circulation）：出版透過通路或是訂閱的市場需求數量。

虛擬實境（Virtual reality）：由電腦創造讓玩家沉浸其中的一種幻想世界。

買方自然獨占（Natural monopoly）：市場中只有一家公司達到經濟規模，平均成本會隨著規模增加而減少。

買方獨占（Monopsony）：只有一位買方的市場結構，具有掌控產品市場價格的能力，經常以低於競爭市場的價格和數量極大化本身利益。

貼現率（Discount rate）：銀行之間借入資金準備所採用的利率。

超真實（Hyperreal）：仿真發展到了擬像階段，真實本身已被徹底瓦解，一種比真實更真的狀態被體現。

超級電台（Superstation）：透過衛星及有線電視系統在全國播放節目的獨立電視台。

超高頻率（Ultrahigh frequency, UHF）：電視訊號在 300 到 3000 兆赫間。

跑片（Bicycling）：以未經放映合約授權的單一拷貝，在業者所屬的其他電影院放映，藉此取得不法的額外收入。

傳閱率（Pass along rate）：每本刊物的閱讀人數，如果再乘上市場需求量等於該刊物的讀者群規模。

債務攤銷（Amortization of debt）：在特定期間內透過利息支付和部分本金清償逐步減少債務。債務攤銷期間通常超過一年，房屋抵押貸款的攤銷期甚至長達 20 年以上。

匯流（Convergence）：大眾媒體、電腦與電訊傳播的整合。

損益平衡點（Breakeven point）：一個沒有獲利也沒有虧損的銷售數量。高於此點開始獲利，反之開始虧損。

搭便車（Free-ridership）：增加一位新的閱聽者其邊際成本等於零。

搭棚策略（Tent-poling strategy）：為了提高新節目的存活率，將一個高收視率節目安排在兩個較差的節目中間。

經濟模型（Economic model）：利用數量模型表示的經濟理論，一種用來簡化外部複雜真實世界的分析工具。

經濟學（Economics）：關於生產、分配和財富消費的社會研究。

資產（Asset）：具價值性的實體財產或無形權利。資產除了作為生產之用，也是確保未來獲利的關鍵，資產通常分為流動資產和固定資產二類。

資產價值（Asset values）：投資者為了掌握資產的未來獲利能力所願意付出的潛藏價格。資產價值會隨著經濟情勢、利率及預期報酬等因素波動。

電影租金（Film rental）：放映商付給發行商作為電影被授權公開放映的票房租金費用。計算方式通常以 7 天連續放映為基礎。租金計算方式很多，例如，90：10 制、彈性制（sliding scale）、定率制（fixed percentage）、票房底價、定額制（flat-fee）。電影租金的票房收入基礎，通常從首映之後逐週調整，發行商比重逐漸遞減，放映商則是逐漸遞增。

預付（Advance）：放映商於電影首映之前支付給發行商的預付票房收入。預付不同於保證，電影票房如果無法達到一定水準，預付款將被退還給放映商，它不屬於發行商的電影票房收入。

預售（Presales）：製片商在電影製作完成之前，透過銷售全部或部分的放映或發行權取得融資。類似的預售策略包括，授權發行家用 DVD，藉由海外發行公司提供的商業本票，製片商交由銀行貼現取得資金。

預買時段（Upfront buying）：預先購買特定節目時段的商業廣告。

寡占（Oligopoly）：市場存在少數生產替代性產品的賣方，可以透過協商影響市場價格。

製作/融資/發行協議（Production-financing-distribution agreement）：獨立製片商會將完整的套裝計畫提交給製片廠或發行商，製片廠則提供製作及發行融資。

製作經常費用（Production overhead）：電影製作過程中產生的相關成本和支出，無法直接歸類到某一特定電影。包括製作部門相關薪資、行政成本、故事拋棄成本（story abandonment cost）和製片廠設備成本等。

赫芬達爾–赫希曼指數（Herfindahl-Hirschman index）：依據產業中企業家數和相對市場占有率，作為衡量市場集中的指標。

遞交法（Delivery method）：收入依照遞交給被授權者的時間開始認定。

遞延或分配法（Deferral or apportionment）：收入依照總體授權期間加以認定。

需求（Demand）：購買產品或服務的意願、慾望和能力。慾望不等於需求，具備資源和能力的慾望並且加以轉化者為需求。

需求彈性（Elastic demand）：一個特定變數的百分比變動，導致需求百分比變動的程度。需求彈性的表示方式為，購買率變動百分比除以價格變動百分比。

儀式（Ritual）：被特定群體的人們所普遍接受，並按照某種既定方式進行的活動與行為。

彈性（Elasticity）：一個變數導致另一個變數產生微小比率變動。

影響力優勢區域（Area of dominant influence, ADI）：在特定區域內當地電台擁有部分或全部訊號影響力優勢，泛指電視廣播區域，類似 A. C. Nielsen 特定市場區域（designated market area, DMA）。

線上成本（Above-the-line cost）：電影創意期間衍生的故事版權和劇本、招聘製片、導演和主要卡司等相關費用。

線下成本（Below-the-line costs）：相關電影製作費用和支出，包括臨時演員、藝術和佈景、拍攝、戲服、交通和未完成影片（raw film stock）等。

調幅（Amplitude modulation, AM）：廣播聲波在 535 到 1705 千赫，訊號透過兩種途徑接收，一是利用繞行地球表面的地波，一是透過電離層折返地面的天波，AM 訊號易受大氣或地面干擾，但不受地形或物質阻礙。

調頻（Frequency modulation, FM）：廣播聲波在 88 到 108 兆赫間，FM 訊號不受大氣干擾，擁有高傳真特質，不過容易受到地形或物質的阻礙。

機會成本（Opportunity costs）：資源被投入於特定用途所放棄其他用途的最高價值。

獨占（Monopoly）：市場存在生產獨特產品的單一賣方，可以自行決定市場價格，建立進入障礙阻止潛在競爭者。由於市場中不存在任何替代品，賣方可以透過提高價格、減少或是限制產出，極大化本身利益。

獨占競爭（Monopolistic competition）：市場存在許多生產異質產品的賣方，可以透過廣告等策略控制市場價格和競爭。

獨立製作發行（In-house production/distribution）：製片廠或發行商自行籌資製作和發行計畫。

隨需求印刷（Print-on-demand）：依照客戶下單需求才開始印刷的出版模式。

頻寬（Bandwidth）：衡量頻道訊號傳輸能力的方法，包括頻次和傳輸內容上下限。例如，電視頻道寬頻通常大約是 6 MHz（兆赫，每秒 6 百萬週波）。

戲仿（Parody）：一種透過對原作的遊戲式調侃式的模仿，從而建構出新文本的符號實踐。

擬像（Simulacra, Simmulation）：是超真實的體現，透過仿真的三個階段來達成，第一階段是仿

造,第二階段是生產,第三階段就是擬像。

檔期(Window):允許在特定期間獨家放映電影和電視的合約。例如,DVD 市場通常是電影首映之後 3 到 6 個月,緊接著才是有線電視和其他放映窗口。

營業收入(Operating income):尚未扣除利息和稅負,不含其他所得的收入。

總收視率(Gross rating point, GRP):目標家戶或閱聽者曝露在特定廣播或雜誌廣告的閱聽率百分比。GRP 是所有閱聽率和潛在廣告曝露的總和。GRP 可以利用「觸及率」乘上「曝頻率」加以計算。

擴增實境(Augmented reality):將遊戲物件投射於現實世界環境中。

藏票(Palming ticket):留下未撕的電影票加以回收或轉售,由於不影響電影票的銷售序號,因此,總體票房收入不會提高。

雙重危機效應(Double jeopardy effect):相較於高收視率節目的觀眾,收視率低節目的觀眾忠誠度明顯較低。

雙重收視定律(Duplication of viewing law):同時收看 A 節目的 B 節目觀眾百分比,不會隨著 A 節目的收視率變化,而有太大的改變。

邊際成本(Marginal cost, MC):每增加一單位產出必須額外增加的成本。對於多數企業而言,邊際成本最初呈現下降,然後開始逐步上升,邊際成本的曲線型態取決於企業的生產函數。

邊際收入(Marginal revenue, MR):每增加一單位產出可以增加的銷售收入。

邊際利潤(Profit margin):每增加一單位銷售可以增加的銷售利潤。

競爭(Competition):一種普遍的市場狀態,透過提高其他人的支出增加本身的獲利。

繼承策略(Inheritance strategy):為了提高新節目的存活率,安排在一個高收視率節目之後。

觸及率(Reach):在特定時間內,家戶或目標閱聽者曝露於特定廣告訊息至少一次的數量,亦稱 cume。

觸及率/曝頻率(Reach and frequency):在特定期間內,對於特定廣告活動累積的閱聽人數占所有家戶和人口的比率(觸及率),以及廣告平均揭露次數(曝頻率)的指標。觸及率 × 曝頻率=總閱聽率。

觀眾占有率(Share of audience):在特定時間內,閱聽家戶或人口總數中觀賞特定節目的比率。

國家圖書館出版品預行編目資料

```
文創學 / 陳智凱、邱詠婷著. -- 1 版. -- 臺北市：臺灣
  東華，2016.04
  192 面； 14.8x21 公分

  ISBN 978-957-483-855-4（精裝）

  1. 文化產業  2. 創意

541.29                                   105005987
```

文創學

著　　者	陳智凱、邱詠婷
發 行 人	卓劉慶弟
出 版 者	臺灣東華書局股份有限公司
地　　址	臺北市重慶南路一段一四七號三樓
電　　話	(02) 2311-4027
傳　　眞	(02) 2311-6615
劃撥帳號	00064813
網　　址	www.tunghua.com.tw
讀者服務	service@tunghua.com.tw
直營門市	臺北市重慶南路一段一四七號一樓
電　　話	(02) 2382-1762
出版日期	2016 年 5 月 1 版

ISBN　　978-957-483-855-4

版權所有　·　翻印必究